绩效视角下我国政府执行力提升研究

Study on the Enhancement of Chinese Government Executive Power from the Perspective of Performance Management

王福波 著

经济管理出版社

图书在版编目（CIP）数据

绩效视角下我国政府执行力提升研究/王福波著.—北京：经济管理出版社，2019.5
ISBN 978-7-5096-6520-6

Ⅰ.①绩⋯　Ⅱ.①王⋯　Ⅲ.①国家行政机关—行政管理—研究—中国　Ⅳ.①D630.1

中国版本图书馆 CIP 数据核字（2019）第 112019 号

组稿编辑：宋　娜
责任编辑：宋　娜　乔倩颖
责任印制：梁植睿
责任校对：王淑卿

出版发行：经济管理出版社
（北京市海淀区北蜂窝 8 号中雅大厦 A 座 11 层　100038）
网　　址：www.E-mp.com.cn
电　　话：(010) 51915602
印　　刷：三河市延风印装有限公司
经　　销：新华书店
开　　本：720mm×1000mm/16
印　　张：14.5
字　　数：209 千字
版　　次：2019 年 5 月第 1 版　2019 年 5 月第 1 次印刷
书　　号：ISBN 978-7-5096-6520-6
定　　价：98.00 元

·版权所有　翻印必究·
凡购本社图书，如有印装错误，由本社读者服务部负责调换。
联系地址：北京阜外月坛北小街 2 号
电话：(010) 68022974　　邮编：100836

第七批《中国社会科学博士后文库》编委会及编辑部成员名单

（一）编委会

主　　任：王京清

副 主 任：马　援　张冠梓　高京斋　俞家栋　夏文峰

秘 书 长：邱春雷　张国春

成　　员（按姓氏笔划排序）：

　　　　卜宪群　王建朗　方　勇　邓纯东　史　丹　朱恒鹏　刘丹青
　　　　刘玉宏　刘跃进　孙壮志　孙海泉　李　平　李向阳　李国强
　　　　李新烽　杨世伟　吴白乙　何德旭　汪朝光　张　翼　张车伟
　　　　张宇燕　张星星　陈　甦　陈众议　陈星灿　卓新平　房　宁
　　　　赵天晓　赵剑英　胡　滨　袁东振　黄　平　朝戈金　谢寿光
　　　　潘家华　冀祥德　穆林霞　魏后凯

（二）编辑部（按姓氏笔划排序）：

主　　任：高京斋

副 主 任：曲建君　李晓琳　陈　颖　薛万里

成　　员：王　芳　王　琪　刘　杰　孙大伟　宋　娜　陈　效
　　　　　苑淑娅　姚冬梅　梅　玫　黎　元

序 言

博士后制度在我国落地生根已逾 30 年，已经成为国家人才体系建设中的重要一环。30 多年来，博士后制度对推动我国人事人才体制机制改革、促进科技创新和经济社会发展发挥了重要的作用，也培养了一批国家急需的高层次创新型人才。

自 1986 年 1 月开始招收第一名博士后研究人员起，截至目前，国家已累计招收 14 万余名博士后研究人员，已经出站的博士后大多成为各领域的科研骨干和学术带头人。其中，已有 50 余位博士后当选两院院士；众多博士后入选各类人才计划，其中，国家百千万人才工程年入选率达 34.36%，国家杰出青年科学基金入选率平均达 21.04%，教育部"长江学者"入选率平均达 10% 左右。

2015 年底，国务院办公厅出台《关于改革完善博士后制度的意见》，要求各地各部门各设站单位按照党中央、国务院决策部署，牢固树立并切实贯彻创新、协调、绿色、开放、共享的发展理念，深入实施创新驱动发展战略和人才优先发展战略，完善体制机制，健全服务体系，推动博士后事业科学发展。这为我国博士后事业的进一步发展指明了方向，也为哲学社会科学领域博士后工作提出了新的研究方向。

习近平总书记在 2016 年 5 月 17 日全国哲学社会科学工作座谈会上发表重要讲话指出：一个国家的发展水平，既取决于自然科学发展水平，也取决于哲学社会科学发展水平。一个没有发达的自然科学的国家不可能走在世界前列，一个没有繁荣的哲学社会科学的国家也不可能走在世界前列。坚持和发展中国特色社会主义，需要不断在实践中和理论上进行探索、用发展着的理论指导发展着的实践。在这个过程中，哲学社会科学具有不可替代的重要地位，哲学社会科学工作者具有不可替代的重要作用。这是党和国家领导人对包括哲学社会科学博士后在内的所有哲学社会科学领域的研究者、工作者提出的殷切希望！

中国社会科学院是中央直属的国家哲学社会科学研究机构，在哲学社会科学博士后工作领域处于领军地位。为充分调动哲学社会科学博士后研究人员科研创新的积极性，展示哲学社会科学领域博士后的优秀成果，提高我国哲学社会科学发展的整体水平，中国社会科学院和全国博士后管理委员会于2012年联合推出了《中国社会科学博士后文库》（以下简称《文库》），每年在全国范围内择优出版博士后成果。经过多年的发展，《文库》已经成为集中、系统、全面反映我国哲学社会科学博士后优秀成果的高端学术平台，学术影响力和社会影响力逐年提高。

下一步，做好哲学社会科学博士后工作，做好《文库》工作，要认真学习领会习近平总书记系列重要讲话精神，自觉肩负起新的时代使命，锐意创新、发奋进取。为此，需做到：

第一，始终坚持马克思主义的指导地位。哲学社会科学研究离不开正确的世界观、方法论的指导。习近平总书记深刻指出：坚持以马克思主义为指导，是当代中国哲学社会科学区别于其他哲学社会科学的根本标志，必须旗帜鲜明加以坚持。马克思主义揭示了事物的本质、内在联系及发展规律，是"伟大的认识工具"，是人们观察世界、分析问题的有力思想武器。马克思主义尽管诞生在一个半多世纪之前，但在当今时代，马克思主义与新的时代实践结合起来，越来越显示出更加强大的生命力。哲学社会科学博士后研究人员应该更加自觉地坚持马克思主义在科研工作中的指导地位，继续推进马克思主义中国化、时代化、大众化，继续发展21世纪马克思主义、当代中国马克思主义。要继续把《文库》建设成为马克思主义中国化最新理论成果宣传、展示、交流的平台，为中国特色社会主义建设提供强有力的理论支撑。

第二，逐步树立智库意识和品牌意识。哲学社会科学肩负着回答时代命题、规划未来道路的使命。当前中央对哲学社会科学愈加重视，尤其是提出要发挥哲学社会科学在治国理政、提高改革决策水平、推进国家治理体系和治理能力现代化中的作用。从2015年开始，中央已启动了国家高端智库的建设，这对哲学社会科学博士后工作提出了更高的针对性要求，也为哲学社会科学博士后研究提供了更为广阔的应用空间。《文库》依托中国社会科学院，面向全国哲学社会科学领域博士后科研流动站、工作站的博士后征集优秀成果，入选出版的著作也代表了哲学社会科学博士后最高的学术研究水平。因此，要善于把中国社会科学院服务党和国家决策的大智库功能与《文库》的小智库功能结合起来，进而以智库意识推动品牌意识建设，最终树立《文库》的智库意识和品牌意识。

第三，积极推动中国特色哲学社会科学学术体系和话语体系建设。改革开放30多年来，我国在经济建设、政治建设、文化建设、社会建设、生态文明建设和党的建设各个领域都取得了举世瞩目的成就，比历史上任何时期都更接近中华民族伟大复兴的目标。但正如习近平总书记所指出的那样：在解读中国实践、构建中国理论上，我们应该最有发言权，但实际上我国哲学社会科学在国际上的声音还比较小，还处于"有理说不出、说了传不开"的境地。这里问题的实质，就是中国特色、中国特质的哲学社会科学学术体系和话语体系的缺失和建设问题。具有中国特色、中国特质的学术体系和话语体系必然是由具有中国特色、中国特质的概念、范畴和学科等组成。这一切不是凭空想象得来的，而是在中国化的马克思主义指导下，在参考我们民族特质、历史智慧的基础上再创造出来的。在这一过程中，积极吸纳儒、释、道、墨、名、法、农、杂、兵等各家学说的精髓，无疑是保持中国特色、中国特质的重要保证。换言之，不能站在历史、文化虚无主义立场搞研究。要通过《文库》积极引导哲学社会科学博士后研究人员：一方面，要积极吸收古今中外各种学术资源，坚持古为今用、洋为中用。另一方面，要以中国自己的实践为研究定位，围绕中国自己的问题，坚持问题导向，努力探索具备中国特色、中国特质的概念、范畴与理论体系，在体现继承性和民族性、体现原创性和时代性、体现系统性和专业性方面，不断加强和深化中国特色学术体系和话语体系建设。

新形势下，我国哲学社会科学地位更加重要、任务更加繁重。衷心希望广大哲学社会科学博士后工作者和博士后们，以《文库》系列著作的出版为契机，以习近平总书记在全国哲学社会科学座谈会上的讲话为根本遵循，将自身的研究工作与时代的需求结合起来，将自身的研究工作与国家和人民的召唤结合起来，以深厚的学识修养赢得尊重，以高尚的人格魅力引领风气，在为祖国、为人民立德立功立言中，在实现中华民族伟大复兴中国梦的征程中，成就自我、实现价值。

是为序。

中国社会科学院副院长
中国社会科学院博士后管理委员会主任
2016 年 12 月 1 日

摘 要

本书立足当前我国政府执行力亟须提升的大背景，从绩效管理与政府执行力研究相结合的角度，研究了绩效理论启引下的中国政府执行力提升问题。它揭示了政府绩效管理与政府执行力建设之间的互动耦合关系，描述了我国政府执行力建设的现状及困境，剖析了造成政府执行力弱化的绩效成因，并借鉴国外政府执行力建设与绩效管理的经验，系统提出了我国政府执行力提升的绩效方略。

本书认为，无论是现实原因，还是研究的需要，人们都有充足的理由相信加强政府执行力研究的重要性和紧迫性。特别是有的地方政府"有令不行，有禁不止"的现象时有发生，造成了严重的负面影响和危害，使人们对政府执行力问题更加警醒起来，党中央、国务院也把抓落实问题提升到一个新的战略高度。

本书在对政府执行力和绩效管理基础理论进行梳理的基础上，特别是对政府执行力的生成原理、衡量标准、运行特点进行研究分析的基础上，探讨了政府执行力与绩效管理的互动融合关系。政府执行力建设有助于政府绩效管理水平的提升，政府绩效管理也对提升政府执行力具有重要意义，两者在理论渊源和价值取向上存在诸多契合，主要表现在两者都突出服务、注重政府诚信、追求政府效能、强调政府责任、着力维护政府与社会之间良性互动等方面，而这种契合为从绩效视角探讨当代中国政府执行力建设问题奠定了理论基础。

本书围绕政府执行力弱化问题，从绩效视角剖析了其成因，主要体现在：绩效管理价值取向扭曲影响政府执行力建设的方向；评估主体多元化程度不高削弱政府执行效益；评估指标体系不完善制约政府执行力的提升；操作流程和使用方法不当影响政府执行效能的发挥；公众参与渠道不畅抑制政府执行力的提升；结果运用不充分损耗政府执行力的功效；绩效管理制度缺位束缚执行效能的发挥；绩效文化建设滞后侵蚀政府执行力的效果。在借鉴国外政府执行力建设与绩效管理经验的基础上，本书围绕上述八个问题，较为系统地提出了绩效方面的解决方案和完善对策，特别是提出建立政府执行力评估指标体系，以及对政府绩效管理方面存在的突出问题如绩效评价主体的多元化、绩效成果的使用管理、绩效管理的法治化、绩效文化的建设等进行了解答，努力探索一套全方位、多角度的政府执行力绩效管理体系。这是本书研究的重点，同样也是难点所在。

基于政府绩效管理机构的重要作用，本书还对当下中国各类绩效管理机构的利弊得失进行了剖析，同时还借鉴北京、青岛有关督查与绩效管理相结合促进工作的经验，对完善督查与绩效管理体系、提高督查效能等，提出了具体完善建议。

关键词：政府执行力；绩效管理；互动融合；弱化成因；绩效方案

Abstract

This book was conceived against the backdrop of a need for an improved governmental implementation capacity. It departs from a perspective that combines performance management and implementation capacity building and discusses the issue of a higher governmental implementation capacity under the guidance of performance theory, demonstrating the dynamic and coupling relationship between the two. The book describes the status quo of and challenges in implementation capacity building of the Chinese government, analyzes the reasons for a weakening implementation capacity, and offers strategies for an improved implementation capacity based on lessons from foreign governments in this regard.

It is believed that the book on government implementation capacity is of both significance and urgency, either out of practical or academic concerns, especially when local governments sometimes do not abide by the orders and prohibitions stipulated by the central government, which leads to serious consequences and negative impacts. People are made more aware of the issue of implementation capacity, and the Central Committee of the CPC and the State Council have made it a strategic priority.

Building upon the analysis of the mechanism, measurement and characteristics of government implementation capacity, as well as the theoretical resources of performance management, this book discusses the dynamics between government implementation capacity and performance management. Capacity building is conducive to a higher level of performance management, and the latter is of crucial importance to the former. The two aspects share a lot in common, including the emphasis on service, government credibility, governing efficacy, governmental responsibilities and the favorable interactions between government and society. These similarities offer a solid theoretical foundation for discussion on the issue of a higher government implementation capacity under the guidance of performance theory.

Centering around a weakening implementation capacity, this book takes a performance theory perspective to analyze its causes: a distorted value orientation misleads the priorities in implementation capacity building; a far-from-diverse body of evaluators reduces the benefits of governmental implementation; a defective assessment system impedes the improvement of implementation capacity; improper procedures and practices undermine the efficacy of governmental implementation; poor channels for public engagement suppresses the improvement of implementation capacity; an insufficient utilization of implementation outcomes wastes the results of governmental implementation capacity; a lack of a performance management system hurts the impact of implementation capacity; an absence of a performance management culture erodes the effects of governmental implementation capacity. Through borrowing lessons from foreign governments, this book discusses the above mentioned eight problems and offers a solution in performance management. In particular, it brings up an assessment system for governmental implementation capacity and responds to issues including the diversity of evaluator body, the management of the use of performance outcomes, the legalization of performance management, the creation of performance culture. It also explores a multi-pronged performance management system for governmental implementation capacity, which is both the focus of this book as well as where difficulties lie.

Based upon the important role played by performance management bodies, this book also evaluates the pros and cons of all institutions alike. In addition, by introducing the practices in Beijing and Qingdao on the combination of perfor mance management and implementation capacity building, this book provides policy advice on the improvement of supervision and performance management system and how to increase supervision efficacy.

Key Words: Governmental Implementation Capacity; Performance Management; Dynamic Integration; Causes For A Weakening Implementation Capacity; Performance Solution

目 录

第一章 绪 论 ... 1

第一节 选题背景及意义 ... 1
一、选题背景 ... 1
二、选题的意义与价值 ... 5

第二节 国内外研究述评 ... 6
一、国外研究综述 ... 6
二、国内研究综述 ... 10

第三节 研究的基本框架 ... 17
一、研究的基本思路 ... 17
二、研究的主要内容 ... 17
三、研究的重点难点 ... 18

第四节 研究的创新之处和主要方法 ... 19
一、研究的创新之处 ... 19
二、研究的主要方法 ... 19

第二章 政府执行力与政府绩效管理基本理论阐释 ... 21

第一节 政府执行力的基本理论阐释 ... 21
一、政府执行力的基本内涵 ... 21
二、政府执行力与相关概念的区别 ... 24
三、政府执行力的理论依据 ... 25
四、政府执行力的重要价值 ... 28

五、政府执行力的生成机理 …………………………………… 30
　　六、政府执行力的特点 ………………………………………… 33
第二节　政府绩效管理的基本内涵、基本理念和应用实践 ……… 35
　　一、政府绩效管理的基本内涵 ………………………………… 35
　　二、政府绩效管理的基本理念 ………………………………… 39
　　三、政府绩效管理的应用实践 ………………………………… 41

第三章　政府执行力建设与政府绩效管理的互动与契合 ………… 47
　第一节　政府执行力建设与政府绩效管理的互动分析 …………… 47
　　一、政府执行力建设对政府绩效管理的影响 ………………… 47
　　二、政府绩效管理对政府执行力建设的作用 ………………… 50
　第二节　政府执行力建设与政府绩效管理的契合展现 …………… 53
　　一、两者都突出服务 …………………………………………… 53
　　二、两者都注重政府诚信 ……………………………………… 54
　　三、两者都追求政府效能 ……………………………………… 55
　　四、两者都强调政府责任 ……………………………………… 56
　　五、两者都着力维护政府与社会之间良性互动 ……………… 57

第四章　我国政府执行力建设的衡量标准和现实困境 …………… 59
　第一节　我国政府执行力的衡量标准 ……………………………… 59
　第二节　我国政府执行力建设的现状分析 ………………………… 62
　　一、我国政府执行力建设取得的成就 ………………………… 62
　　二、我国政府执行力建设存在的主要问题 …………………… 65
　第三节　政府执行力弱化问题的危害 ……………………………… 72

第五章　从绩效视角分析我国政府执行力的现状 ………………… 75
　第一节　绩效管理价值取向扭曲影响政府执行力建设的方向 …… 76
　第二节　评估主体多元化程度不高削弱了政府执行效益 ………… 79
　　一、政府执行力评估主体多元化的基本理由 ………………… 79

二、政府执行力评估主体多元化存在的问题 …………… 83

　第三节　评估指标体系不完善制约政府执行力的提升 …… 85

　第四节　操作流程和使用方法不当影响政府执行效能的发挥 … 87

　第五节　公众参与渠道不畅抑制政府执行力的提升 ……… 89

　第六节　结果运用不充分损耗政府执行力的功效 ………… 92

　第七节　绩效管理制度缺位束缚政府执行效能的发挥 …… 95

　第八节　绩效文化建设滞后侵蚀政府执行力的效果 ……… 98

第六章　国外政府绩效管理与政府执行力建设的经验和
　　　　启示 …………………………………………………… 101

　第一节　国外关于政府绩效管理及执行力建设方面的实践
　　　　　探索 ………………………………………………… 101

　　一、美国的探索 ……………………………………………… 101

　　二、英国的探索 ……………………………………………… 103

　　三、加拿大的探索 …………………………………………… 105

　　四、韩国的探索 ……………………………………………… 107

　　五、新西兰的探索 …………………………………………… 109

　　六、荷兰的探索 ……………………………………………… 110

　第二节　对于我国开展政府绩效管理及执行力建设的有益
　　　　　启示及反思 ………………………………………… 111

第七章　我国政府执行力提升的绩效方略 ………………… 117

　第一节　以正确的绩效导向引导政府执行力建设 ………… 117

　第二节　构建合理多元的评估主体体制 …………………… 120

　第三节　不断完善政府执行力评估指标体系 ……………… 123

　　一、构建合理的政府执行力评估指标体系 ………………… 123

　　二、测评指标体系的使用 …………………………………… 136

　第四节　进一步完善政府绩效管理的流程与方法 ………… 145

　第五节　进一步完善公民参与绩效管理工作 ……………… 148

第六节　不断优化对绩效结果的使用和管理 …………… 150
　　第七节　不断加强我国政府执行力绩效管理的制度供给 ……… 152
　　第八节　努力营造推动政府绩效管理的良好文化氛围 ………… 154

第八章　一种实践探索：通过督查与绩效管理相结合的
　　　　方式促进政府执行力的提升 ……………………………… 159
　　第一节　政府绩效管理机构的职责及类型 ……………………… 159
　　第二节　关于我国政府绩效管理主体的选择 …………………… 161
　　第三节　通过督查与绩效管理相结合促进政府执行力提升的
　　　　　　具体实践及工作建议 ………………………………… 164
　　　　一、北京、青岛等地督查与绩效管理相结合提升
　　　　　　政府执行力的实践探索 …………………………… 164
　　　　二、督查与绩效管理相结合提升政府执行力的完善建议 …… 167

第九章　研究结论及展望 ………………………………………… 173

参考文献 ……………………………………………………………… 177

索　引 ………………………………………………………………… 189

后　记 ………………………………………………………………… 193

专家推荐表 …………………………………………………………… 195

Contents

1 Introduction ··· 1

    1.1 Background and Significance of Topic Selection ············· 1
        1.1.1 Background of Topic Selection ···························· 1
        1.1.2 Significance and Value of Topic Selection ················ 5
    1.2 The Review of Research at Foreign and Domestic ············ 6
        1.2.1 The Review of Foreign Research ······························ 6
        1.2.2 The Summary of Domestic Research ····················· 10
    1.3 The Basic Framework of the Research ························· 17
        1.3.1 The Basic Ideas of the Research ····························· 17
        1.3.2 The Main Contents of the Research ························ 17
        1.3.3 The Key and Difficult Points of the Research ············ 18
    1.4 The Innovation and Main Methods of Research ·············· 19
        1.4.1 The Innovation of the Research ····························· 19
        1.4.2 The Main Methods of the Research ························ 19

2 The Basic Theory of Government Executive Power and Government Performance Management ·· 21

    2.1 The Explanation of the Basic Theory of Government Executive Power ·· 21
        2.1.1 The Basic Connotation of Government Executive Power ·· 21

　　　　2.1.2　The Difference between Government Executive Power and Related Concepts ……………………………………… 24
　　　　2.1.3　The Theoretical Basis of Government Executive Power … 25
　　　　2.1.4　The Important Value of Government Executive Power … 28
　　　　2.1.5　The Formation Mechanism of Government Executive Power ……………………………………………………… 30
　　　　2.1.6　The Characteristics of Government Executive Power …… 33
　　2.2　The Basic Connotation, Basic Concept and Application of Government Performance Management ………… 35
　　　　2.2.1　The Basic Connotation of Government Performance Management ……………………………………………… 35
　　　　2.2.2　The Basic Concept of Government Performance Management ……………………………………………… 39
　　　　2.2.3　The Application of Government Performance Management ……………………………………………… 41

3　The Interaction and Combination of Government Executive Power Construction and Government Performance Management ……… 47
　　3.1　The Interaction Analysis of Government Executive Power Construction and Government Performance Management … 47
　　　　3.1.1　The Influence of Government Executive Power Construction on Government Performance Management ………… 47
　　　　3.1.2　The Role of Government Performance Management to the Construction of Government Executive Power ……… 50
　　3.2　The Combination of Government Executive Power Construction and Government Performance Management …… 53
　　　　3.2.1　Both Give Prominence to Service …………………… 53
　　　　3.2.2　Both Pay Attention to the Government Sincerity ……… 54
　　　　3.2.3　Both Pursue Government Efficiency …………………… 55

Contents

  3.2.4 Both Emphasize the Responsibility of the Government ··· 56
  3.2.5 Both Strive to Maintain the Benign Interaction between the Government and the Society ··················· 57

4 The Measurement Standard and Realistic Predicament of Government Executive Power Construction in China ·················· 59

 4.1 The Measurement Standard of Government Executive Power in China ···································· 59
 4.2 Analysis on the Current Situation of Government Executive Power Construction in China ························ 62
  4.2.1 Achievements in the Government Executive Power Construction in China ································ 62
  4.2.2 The Main Problems in the Government Executive Power Construction in China ······················· 65
 4.3 The Harm of the Government Executive Power Weakening ·· 72

5 The Analysis of the Current Situation of Our Government Executive Power from the Perspective of Performance Management ·········· 75

 5.1 The Distortion of the Value Orientation of Performance Management Affects the Direction of Government Executive Power Construction ···································· 76
 5.2 The Low Degree of Diversification of the Evaluation Subject Undermines the Performance of the Government Execution ·· 79
  5.2.1 The Basic Reasons for the Diversification of Government Execution Assessment Subject ··············· 79
  5.2.2 The Problem of the Diversification of the Government Executive Power Evaluation Subject ······················· 83

5.3 The Imperfect Evaluation Index System Restricts the Promotion of Government Executive Power ……………… 85
5.4 Improper Operation Process and Method of Use Affects the Performance of Government Executive Power … 87
5.5 The Poor Public Participation Channel Inhibits the Promotion of Government Execution ………………… 89
5.6 The Inadequate Use of the Result Affects the Government Executive Power ……………………… 92
5.7 The Absence of the Performance Management System Restrains the Performance of Government Executive Power ……………………………… 95
5.8 The Lag of the Construction of Administrative Culture Erodes Government Execution Effect ……………… 98

6 The Experience and Enlightenment of the Government Performance Management and the Construction of Government Executive Power in Foreign Countries …………… 101

6.1 Practice and Exploration of Government Performance Management and Executive Power Construction in Foreign Countries ……………………………… 101
 6.1.1 Exploration in America ……………………… 101
 6.1.2 Exploration in England ……………………… 103
 6.1.3 Exploration in Canada ………………………… 105
 6.1.4 Exploration in South Korea …………………… 107
 6.1.5 Exploration in New Zealand ………………… 109
 6.1.6 Exploration in Holland ……………………… 110
6.2 The Enlightenment and Reflection on the Development of Government Performance Management and Execution in China ………………………………………………… 111

Contents

7 The Strategy of Performance Improvement for Chinese Government Executive Power ……………………………………… 117

    7.1 Guiding the Construction of Government Execution with the Correct Performance Orientation ………………… 117

    7.2 Building a Reasonable and Multiple Evaluation System of the Subject ……………………………………………………… 120

    7.3 Continuous Improvement of the Government Performance Evaluation Index System ……………………………………… 123

        7.3.1 Establishing the Reasonable Evaluation Index System of Government Executive Power ……………………………… 123

        7.3.2 Explanation of the Evaluation Index of Government Executive Power ……………………………………………… 136

    7.4 Further Improvement of the Process and Method of Government Performance Management ……………………… 145

    7.5 Further Perfecting Citizen Participation in Performance Management ……………………………………………………… 148

    7.6 Continuously Optimize the Use and Management of Performance Results ……………………………………………… 150

    7.7 Constantly Strengthen the System Supply of Performance Management of Government Executive Power in China ……………………………………………………… 152

    7.8 Strive to Create a Good Cultural Atmosphere to Promote the Government Performance Management ………………… 154

8 A Practical Exploration: The Promotion of Government Execution through the Combination of Supervision and Performance Management ……………………………………… 159

8.1 Responsibilities and Types of Government Performance Management Institutions ……………………………………… 159

8.2 On the Choice of the Subject of Government Performance Management in China ……………………………… 161

8.3 Concrete Practice and Work Suggestions on the Promotion of Government Execution through the Combination of Supervision and Performance Management ……………… 164

    8.3.1 The Practice and Exploration of the Combination of Supervision and Performance Management in Beijing, Qingdao and Other Places to Improve the Government Executive Power ……………………………………… 164

    8.3.2 The Improvement Suggestions of Combination of Supervision and Performance Management to Improve the Government Executive Power ………………………… 167

9 Research Conclusions and Prospects …………………………… 173

References ……………………………………………………………… 177

Index …………………………………………………………………… 189

Acknowledgements …………………………………………………… 193

Recommendations …………………………………………………… 195

第一章 绪 论

第一节 选题背景及意义

一、选题背景

马克思在《哥达纲领批判》中写到:"一步实际行动胜过一打纲领。"① 美国著名政策学家 G. 艾利森（G. Alison）说过:"在达到政府目标的过程中,方案确定功能只占 10%,而其余 90%取决于有效的执行。"② 政府执行力是政府工作的生命力,是决定政府机构生存与发展的关键性因素。多年来,党和政府高度重视政府执行力的问题。党的十六大报告明确提出了要加强执政能力建设,必须进一步转变政府职能,形成行为规范、运转协调、公正透明、廉洁高效的行政管理体制。党的十六届四中全会更直接论及了加强党的执政能力建设的重要性和紧迫性,提出要"不断研究新情况、解决新问题、创建新机制、增长新本领",必须全面加强和改进党的建设,"使党的执政方略更加完善、执政体制更加健全、执政方式更加科

---

① 卡尔·马克思,弗里德里希·恩格斯.《马克思恩格斯文集》(第三卷)[M].中共中央马克思恩格斯列宁斯大林著作编译局译.北京:人民出版社,2009:426.
② 陈振明.公共政策分析 [M].北京:中国人民大学出版社,2003:235.

学、执政基础更加坚固"。胡锦涛同志曾多次指出，提高构建社会主义和谐社会的能力是加强党的执政能力建设的重要内容。第十届全国人民代表大会第四次会议的《政府工作报告》指出，要大力加强政府自身改革和建设，建立健全行政问责制，不断提升政府执行力和公信力。这是针对当时一些地方和部门执行力弱化的问题而提出的，"执行力"概念也是第一次出现在《政府工作报告》中，这表明党中央把加强政府执行力建设提升到国家治理的高度。

党的十八大以来，党中央、国务院对政府执行力问题愈加重视，并将此提升到一个新的战略高度。党的十八大报告提出，要"创新行政管理方式，提高政府公信力和执行力，推进政府绩效管理"。党的十八届三中全会明确提出，要"严格绩效管理，突出责任落实，确保权责一致"。2018年6月25日公布的《国务院工作规则》第三十七条规定："国务院及各部门要严格执行工作责任制，严格绩效管理和行政问责。"党的十九大报告提出，要"增强狠抓落实本领，坚持说实话、谋实事、出实招、求实效，把雷厉风行和久久为功有机结合起来，勇于攻坚克难，以钉钉子精神做实做细做好各项工作"。习近平总书记多次提出，"空谈误国，实干兴邦"，要求领导干部要狠抓落实、善抓落实。习近平在2014年5月8日视察中央办公厅时要求其围绕大局加强督办、促进落实，对党中央做出的重大决策和提出的原则性要求，对来自党中央的重要批示指示，要通过建章立制、督促检查等手段，一个一个跟踪问效，推动各项工作部署落到实处。全国党委秘书长会议于2014年10月10日到11日在京召开，会前，习近平总书记做出重要批示。他指出，如果不沉下心来抓落实，再好的目标，再好的蓝图，也只是镜中花、水中月；希望各级党委办公厅（室）更好地发挥基本职能作用，投入更大的力量、采取更有力的措施推动中央精神的贯彻落实，确保中央政令畅通、决策落地生根。2015年2月27日，习近平总书记在主持召开中央全面深化改革领导小组第10次会议时强调，要处理好改革"最先一公里"和"最后一公里"的关系，突破"中梗阻"，防止不作为，把改革方案的含金量充分展示出来，让人民群众有更多的获得感。习近平总书记在多个场合还强调，抓落实是我们党执政能力的重要体

第一章 绪 论

现，也是对各级领导干部工作能力的重要检验。如果不抓紧增强本领，我们就难以胜任领导改革开放和社会主义现代化建设的繁重任务。国务院总理李克强对抓好落实高度重视，在2014年5月30日主持召开的国务院常务会议上要求，对国务院已出台政策措施的落实情况开展全面督查，重点针对落实进展缓慢的，查找原因、提出对策，打通抓落实的"最先一公里"和"最后一公里"，力破"中梗阻"，消除影响政策落地的体制机制障碍。同时，督查要注重创新，既要有各级政府的自查与实地检查，又要引入第三方评估和社会评价，既督地方，也督部门，从明确责任到加强监督，发出了一系列的"落实动员令"。近年来，围绕党中央、国务院重大决策部署，中办、国办先后组织开展多次督查调研活动，注重发现问题和解决问题，保证了各项工作的有序推进。围绕环境治理问题，生态环境部等部门组织开展环境保护督查，并且将督查结果在全国范围内通报，对各地的环保工作起到了督促作用。这些都是针对提高政府执行力提出的明确要求，充分彰显了党中央、国务院进一步加强政府执行力建设的决心。

在现实工作中，由于执行本身就是一个非常艰难复杂的过程，目前对于如何加强政府执行力的建设仍然在探索之中，有的情况还不太乐观。有的地方政府工作人员的执行意识淡薄，责任心不强，出现懒政怠政的问题；有的地方政府执行方法简单机械，难以结合本地的实际情况创造性地解决问题；有的地方政府在执行过程中做事不讲代价，执行成本过高，肆意挥霍，执行效益低下；有的地方政府为了地方的小利益曲解政策，或者是附带条件执行政策，导致政策执行偏差；有的地方政府甚至抵制政策的执行，政策的作用及效应得不到彰显，实际工作的效果与中央的要求、群众的期望相去甚远。尤其是近几年，由于地方政府对政策执行不力而给国家带来巨额损失的现象屡见不鲜。例如，在整治环境污染方面，我国相继出台了一系列政策法规，但效果却一直不太理想，甚至现在把良好的生态环境作为一种公共产品加以改善的呼声越来越强烈。环境保护部门提供的资料表明，每年我国发生的环境污染事故以及环境违法案件的数量仍然居高不下，一些地区的环境污染和生态破坏状况令人触目惊心。在对房价实施宏观调控方面，国家多次出台房贷政策、税收政策等多项措施，但一些地方政府拒不执行，明里暗里力挺房市，使中央政府调控政策的效果大打折扣。在土地管理使用方面，国家对土地的管理使用有着严格的规定，但近些年土地违法问题一直比较突出，据国土部门公布的信息，仅 2014 年前三季度全国共发生土地违法案件 47026 件，同比增长 21.4%[①]。"有令不行、有禁不止"的问题屡见不鲜，不仅使制度变得形同虚设，也使政府组织自身的运行受到了严重影响，严重损害了党和政府的形象和声誉。针对这些情况，如何提升政府执行力已成为亟须解决的现实问题。

此外，在理论研究方面，目前关于执行力的研究仍然集中在企业管理领域，公共管理方面部分学者也进行了有益的探索，但数量较少，系统性、深入性尚待加强，并且研究多集中在强调政府执行力的重要性以及对有关执行问题的具体分析和提出对策方面，而对于如何评价和判断政府执行力状况，以及如何从绩效管理视角研究政府执行力改进的问题等方面仍相对薄弱，缺乏清晰的思路。一般来讲，了解政府执行力状况是提高执行力的起点，而对政府执行力开展绩效管理是了解政府执行力状况的重要举措，对政府执行力评估的缺失将会使加强政府执行力建设成为无源之水。所以，从绩效视角研究加强政府执行力建设，不断完善政府执行力评估体系，具有十分重要的现实意义。特别是在实现中华民族伟大复兴中国梦的进程中，要提高政府执行力，必须要对政府执行力设置评判标准，使各地政府能够客观清醒地认识本地区政府执行力的强弱，同时也需要探寻执行力改进的绩效路径或者绩效方略。而目前，学术界对于这方面的研究不够深入，一些关键性问题尚未破解，所以，从绩效视角研究政府执行力提升的问题，依然是摆在面前的一项亟待完成并具有重大理论和实践价值的艰巨任务。

---

① 国土资源部. 全国违法占用土地达 19721.6 公顷 [EB/OL]. http：//www.mlr.gov.cn/xwdt/mtsy/people/201411/t20141103_1334225.htm，2014-11-03.

二、选题的意义与价值

从绩效管理视角开展政府执行力研究具有重要的理论意义和现实意义。

一是对政府执行力理论研究的有益补充。从目前收集到的文献资料看，尽管在我国行政学界关于政府执行力的研究成果不少，但对政府执行力研究还处于探索阶段，理论研究体系尚需进一步完善。本书基于目前我国政府执行力建设的实际情况，从绩效视角系统研究了我国政府执行力建设的理论基础、内在关系、主要问题、构建方略等，探讨了当代中国政府执行力提升的绩效路径，以期为我国政府执行力建设实践的完善和推进行政体制改革提供必要的理论参考。

二是为探索和构建中国政府执行力评估体系提供参考。在探索政府执行力提升途径的过程中，构建一套科学合理、切实有效的执行力评估体系不仅很重要，也是必须的。事实上，如果政府不能对其执行力情况做出客观公正的评价和判断，而要制定有针对性的、切实有效的提升对策和措施，既缺乏现实考量，也在逻辑上行不通。本书在借鉴企业执行力评估指标体系、评估方法及技术的基础上，尝试构建政府执行力评估指标体系并加以运用，以期为政府或部门能够清醒认识、评价政府执行力状况提供一套评判标准，也在一定程度上可以推动政府评估理论的发展。

三是有利于提升政府竞争力。在全球化背景下提高政府竞争力是各国政府管理的重要任务。一般来讲，政府决策力在很大程度上制约了政府竞争力，政府的科学决策水平对一个国家和地区的经济社会发展至关重要。事实证明，政府执行力高低已经是政府竞争力强弱的重要体现，好的决策固然重要，但有令不行、有禁不止，政策的作用和效应得不到应有体现，提高政府竞争力就只是一句空话。特别是经济全球化背景下各国政府间的竞争日趋激烈，高效政府建设、执行型政府建设已成为各个国家无法回避的重要课题。

四是解决现实问题的迫切需要。当前我国正处于改革和建设发展的攻坚时期，面对许多问题和矛盾，提升政府执行力不仅是政府工作的当务之急,也是解决问题和矛盾的有效方法和途径,因为提高执行力本身就意味着有关问题可以得到加速解决。特别是有的地方政府执行观念淡薄,执行手段单一,执行进度迟缓,执行程序不规范,甚至是不作为、乱作为,在一定程度上直接导致了政府执行力水平低下。本书在对政府执行力困境分析的基础上,从绩效视角分析造成执行力弱化的原因并提出完善对策,具有较强的针对性和现实性,这也是建设高执行力型政府的必然选择。

第二节　国内外研究述评

一、国外研究综述

"执行力"这一概念最初兴起于经济领域,随着实践的推进和形势的发展,执行力的有关理念日益渗透到社会、文化以及政治等众多领域,并得到有益补充和提升。有关政府执行力以及相关绩效管理的观点具体可以分为以下几种情况。

（一）把行政等同于执行的观点

自将公共行政作为一个独立的研究领域起,人们就一直强调执行的重要性,认为良好的执行是行政领域最重要的"底线"。现代公共行政学创始人伍德罗·威尔逊认为,公共政策是由政治家即具有立法权者制定的而由行政人员执行的法律和法规[1]。行政学家弗兰克·古德诺提出政府存在着"政治"与"行政"两种职能,"政治"与国家意志的表达相关,"行政"则与国家意志的执行相关,他还借用了《法国行政辞典》的解释,将行政定义为"从事政府意志的执行和普遍利益规划的执行"[2],深刻论述了政

---

[1] 伍启元. 公共政策 [M]. 香港: 商务印书馆, 1989: 4.
[2] 彭和平. 国外公共行政理论精选 [M]. 北京: 中共中央党校出版社, 1997: 28.

府的主要功能和所承担的任务，阐述了"行政""执行"对于政府存在和发展的重要意义。怀特在《公共行政研究导论》中指出政府的"行政乃是为完成或为实行一个政权机关所宣布的政策而采取的一切活动"①，也强调了执行对于政府工作的重要作用和价值。韦伯在科层制组织理论中提出，政治是政治家的特殊活动范围或政治家关心的事情，而行政则是技术性职员的事情②或技术性职员需要关注的事情，政府应当忠诚地执行国家的意志，不偏不倚地执行政治家们决定的政策。

(二) 质疑政治行政两分法："行政大于执行"的观点

自20世纪50年代开始，一些行政学家比如西蒙、莫舍、亚伯雷等对政治行政二分法的科学性提出了质疑，认为公共行政不仅要负责执行政策，也要制定政策并评估政策的执行，如果政府的职能仅局限在执行层面，整个官僚系统就会缺乏与外界的沟通，变得愈加封闭。受此学术观点影响，西方行政学界则又过多地强调了政策的制定功能。随着实践的发展，人们对于行政与执行关系的理解更加深刻，后来有学者发起"执行运动"，并主张在政策制定与政策执行间建立密切关系，执行的重要性再次凸显出来。③

(三) 关于执行力构成因素的观点

随着"执行运动"在西方的兴起，西方国家学者从不同的视角对政策执行过程进行了深度解析，并提出了各种理论模型。如美国学者T.B.史密斯（T.B. Smith）首次提出分析政策执行因素及其生态——执行的理论模型"史密斯模型"，认为政策执行力是理想化政策、标的团体、执行组织（包括执行者）、环境因素等互动的结果。E.巴德克（E. Bardach）运用博弈论的观点来分析政策执行过程，把政策执行过程视为一种赛局，影响赛局的因素有竞赛者、竞赛中的利害关系、策略与技术、竞赛资源、竞赛原

---

① 彭和平. 国外公共行政理论精选 [M]. 北京：中共中央党校出版社，1997：45.
② 马克斯·韦伯. 经济与社会 [M]. 上海：上海科学技术出版社，1995：96-97.
③ J. L. Pressman, A. Wildavsky. Implementation: How Great Expectation in Washington Are Dashed in Oakland [M]. Berkley: University of California Press, 1973.

则、竞赛者之间的沟通以及所得结果的不稳定程度①。汉密尔顿从政府内部结构的角度去探究影响政府能力的要素，并提出："使行政部门能够强而有力，所需要的要素是：第一，统一；第二，稳定；第三，充分的法律支持；第四，足够的权力。"②此外，还有马丁·雷恩和弗朗西·拉宾诺维茨提出的"政策执行循环模型"，卡尔·凡·霍恩、米尔布里·麦克拉夫林的"米—霍政策执行过程模型"，保罗·A.萨巴蒂尔、丹尼尔·A.马兹曼尼安的"马—萨政策执行综合模型"，Goggin 等提出的"府际间政策执行沟通模式"。尽管这些观点并未专门说明政府执行力的生成原理或主要构成，但对进一步揭示政府执行力的内在要素无疑具有一定的启发意义和价值。

（四）关于政府绩效管理的内涵、价值及其在公共管理中应用的观点

西方国家政府绩效管理已经实践了 30 余年，并取得了丰硕成果。奥斯本和盖布勒提出政府绩效管理就是改变照章办事的政府组织，建立有使命感和责任感的政府，同时要以结果为导向，改变以过程为导向的控制机制③。布赖顿·米勒德指出，公共管理中的所有问题都与绩效管理有关，绩效的意义在于公共组织如何在各种条件下，改善与提高纳税人所要求的效率与有效性④。在政府绩效评价的价值取向方面，阿尔蒙德认为政府绩效评价的价值取向主要包括四个变量，即政府能力、人民参政情况、经济增长和分配⑤，前两者侧重政治方面，后两者侧重经济方面。1993 年美国公布的《政府绩效与结果法案》指出，进行政府绩效管理和颁布此法案的目的不仅在于提高政府效率，还要不断提高公共服务质量，提高社会公众满意度。

（五）关于政府绩效管理实施程序、标准及方法等方面的观点

在绩效管理的实施程序方面，美国的马克·霍哲教授认为，一个良好的绩效管理程序应包括七个步骤：鉴别要评估的项目、陈述目的并界定所

---

① 陈振明.公共政策分析［M］.北京：中国人民大学出版社，2003.
② 汉密尔顿.联邦党人文集［M］.北京：商务印书馆，1980.
③ 奥斯本，盖布勒.改革政府：企业家精神如何改革着公共部门［M］.周敦仁等译.上海：上海译文出版社，2006.
④ 蔡立辉.论当代西方政府公共管理及其方法［J］.中山大学学报（社会科学版），2003（2）.
⑤ 马宝成.试论政府绩效评估的价值取向［J］.中国行政管理，2001（5）.

期望的结果、选择衡量标准或指标、设置业绩和结果的标准、监督结果、业绩报告以及使用结果和业绩信息①。在政府绩效评估体系构建和实践方面，1997年美国公共力研究中心在《地方政府绩效评估简要指南》中提出了四大主体标准：评估的生产力、效果、质量和及时。在政府绩效管理的方法方面，国外通用的三种政府绩效评估方法是标杆管理法、"3E"评价法和平衡计分卡法。在政府绩效管理的困境及"瓶颈"研究方面，法国行政学家夏尔·德巴什认为公共部门绩效管理困难的基本原因是公共部门的总体利益性质、公共部门的垄断权、提供免费服务和公共部门费用混淆不清②。在实施绩效管理的生态影响因素方面，美国肯尼利（M. Kennerley）等的《绩效管理制度演变的基本要素》、罗伯特·D.伯恩（Robert D. Behn）的《为什么评估政府绩效：不同的目的需要不同的评估标准》和戴维·N.阿蒙斯（David N. Ammons）的《绩效管理和管理思考》等分别从不同视角探讨了政府绩效管理与政治体制、管理制度、民主制度、责任制度之间的紧密联系，有力地论证了政府绩效管理与特定社会环境之间的联系。

（六）关于政府执行力绩效与质量测评的研究

早期国外的学者主要采用的是机械效率的研究方法，随着经济和社会的不断发展，传统的以考察政府效率为主的行政模式受到了空前的挑战。伴随着新公共管理运动的兴起，新公共管理理论逐渐成为了西方公共管理改革的指导思想，外部评价主体分量加重，评价日益规范、透明，特别是评价的内容更加科学，即由生产率测评为主转向注重效能、服务质量以及社会公众感受度。期间，不少学者对评价标准进行了细化和量化，使其更加完善、科学，比如有学者提出了评估政府政策执行力的八大标准，即政策能否准确无误地执行、能否达到预期目标、能否带来好的效益、有无副作用、能否得到民众同意等八个方面③。

从上述的归纳分析中可以看出，在整个西方行政学发展的过程中，执

---

① 梁茵. 我国政府绩效评估中的公民参与研究 [D]. 中共江苏省委党校硕士学位论文, 2008.
② 夏尔·德巴什. 行政科学 [M]. 上海：上海译文出版社, 2000.
③ 潘世强. 略论政策的执行问题 [J]. 行政论坛, 1994 (11).

行的意义十分重大,其一开始就被视为政府工作的主要职责,同时也是行政学研究的主要范畴。行政管理学的创始人威尔逊、古德诺等也特别强调了执行对于政府行政工作的重要意义和价值。此后,不少学者把注意力倾注在政策的制定上,但事实上"执行"作为政府行政工作的主要职责和行政学研究的主要内容却是不容忽视的,特别是后来发起的"执行运动"不仅重视政策的制定,更加重视政策的执行,也充分说明了执行的重要作用。

这些研究成果对于新形势下强化政府执行力建设的重要性以及研究政府执行力的生成机理、提升路径等都具有重要的参考价值。此外,国外对政府绩效管理进行了研究,取得了丰硕的成果,但从绩效视角研究政府执行力问题,以及在关于政府执行力与绩效管理的内在关系、关于政府执行力评价体系的构建等方面,一些研究又显得不够充分,系统性不强,仍需要做进一步的探索与完善。

二、国内研究综述

(一) 关于政府执行力内涵及重要性的研究

我国学者对执行力的研究也是从经济管理领域开始的,后来逐步扩大到行政、文化等领域。周永亮在《本土化执行力模式》中认为:"执行就是实现既定目标的具体过程,在形成了决策、制订了具体的计划之后,达成目标的具体行为就是执行,而确保执行完成的能力和手段构成了执行力。"①孙云茂认为应该从领悟能力以及计划、指挥、控制、协调、授权、判断、学习、创新、领导等方面提高中层管理者的能力,以提高管理者的执行力②。罗豪才等从行政法学角度对行政行为执行力做了详细的阐述,认为"行政行为的执行力是指行政行为的内容如果是命令相对人为一定行为或不为一定行为,则相对人必须执行;如果相对人不履行其义务时,行政机关可依

---

① 周永亮. 本土化执行力模式 [M]. 北京:中国发展出版社,2004.
② 孙云茂. 浅析如何提高中层管理者执行力 [J]. 河北能源职业技术学院学报,2003 (3).

法定程序强制执行,有时还可申请人民法院通过民事诉讼程序强制执行"①。丁煌将"政策执行"界定为政策执行者通过建立机构、运用各种资源并采取解释、宣传、实验等各种行动,将政策内容转化为实际效果,从而实现政策目标的动态过程②。姚克利探讨了政府执行力的生成机理,认为政府执行力是一种合力,但不是各要素的简单拼凑或组合,而是内外各种因素及条件相互作用的结果③。莫勇波认为,政府执行力是指在政府组织内部所存在的通过认同、支持和准确理解政府的目标及方向,精心设计方案和实施方案,并对政府各种组织资源进行集中有效的使用、调度和控制,从而有效地实施公共政策以及执行政府日常性公共事务和完成政府既定目标任务的政府内在力,是政府内部推动各项任务完成的能力④。

(二)关于政府执行力现状及原因分析的研究

黄兴生从制度研究的视角进行分析,指出了我国地方政府政策执行力弱化的制度根源,并从中央和地方的权力划分、党政二元体制、政府内部机构与职能状况、监督制度四个方面进行了论证剖析⑤。陈俊星从公共政策自身的质量、执行主体情况以及外在环境三个方面分析了乡镇政府公共政策执行力总体水平不高的主要原因⑥。还有一些学者专门研究了地方政府的执行力问题。闫鹏指出"当前我国行政体制改革中,地方政府行政执行力问题是国家制度建设的'瓶颈'",并主张"从行政层级和政府职能结合的角度来界定政府的行政执行力",他认为当前在建设责任、透明、有效、法制政府的背景下,行政执行力成为决定政府工作成败的关键⑦。

---

① 罗豪才. 行政法论 [M]. 北京:光明日报出版社,1988.
② 丁煌. 政策执行阻滞机制及其防治对策——一项基于行为和制度的分析 [M]. 北京:人民出版社,2002.
③ 姚克利. 试论政府执行力的生成与提升 [J]. 大连干部学刊,2006(8).
④ 莫勇波. 公共政策执行中政府执行力问题研究 [M]. 北京:中国社会科学出版社,2007.
⑤ 黄兴生. 提升我国地方政府政策执行力问题研究——基于制度分析的视角 [J]. 中共福建省委党校学报,2006(12).
⑥ 陈俊星. 是什么影响了乡镇政府的公共政策执行力 [J]. 红旗文稿,2006(23).
⑦ 闫鹏. 我国地方政府行政执行力:一个被忽视但却极端重要的行政研究视角 [J]. 兰州学刊,2006(3).

(三) 关于政府执行力提升路径的研究

对于政府执行力的提升途径，学者们各有侧重，并设计了不同方案。莫勇波研究了政府执行力的构建机理，并结合中国地方政府执行力的实际状况，提出要从利益整合、制度构建、人力资源培养等几个方面增强政府执行力[①]。周永亮认为，要构建强有力的执行组织，就必须从执行心态、工具、流程、角色以及有效的评估等方面全面努力。卞苏徽认为政府的执行力受到政府体制中各种因素的影响，既有政策本身的因素，也有执行机制、机构、人员等方面的因素，而只有通过深化改革来优化和完善这些因素，政府执行力才能提高[②]。孙增武、刘大中、高艳等分析了政府执行力的困境和原因，提出提升政府执行力是历史发展的必然，但当前政府执行力的提升陷入困境，而可供选择的途径有主体途径、生态途径、行为途径、管理途径和制度途径[③]。总之，学者们对如何提升政府执行力都进行了有意义、有价值的探索。虽然他们选择的研究视角不同，但对于提升政府执行力还是具有很好的借鉴意义。

(四) 关于政府执行力测评的研究

目前国内学者对于企业执行力的研究已经进入了定量研究阶段，而对政府执行力的研究还处于起步和定性阶段。比如，韩青对企业执行力量表及其使用方法进行了介绍，诊断量表有组织体系、制度体系、文化体系和领导权威四个维度，每个维度又有10个方面的诊断标准，最后将四个维度的得分进行综合[④]，如果企业执行力出现了问题，则可以从四个维度的各个方面进行深入剖析。钟嘉馨针对企业执行力的三个核心流程进行了量化描述，并在流程的关键环节建立了企业执行力测评模型，同时还运用时间序列预测模型、模糊聚类等方法进行了量化描述。在指标设计方面，徐绍刚在《建立健全政府绩效评价体系的构想》一文中提出，在建立完善政府绩效评价体系的过程中，评价主体应该多元化，评价指标应该体现导向

---

① 莫勇波. 政府执行力——理论思路与现实路径研究 [M]. 北京：经济科学出版社，2013.
② 卞苏徽. 深化政府改革 提高政府执行力 [J]. 特区实践与理论，2006 (2).
③ 孙增武等. 我国政府执行力的模式分析与途径选择 [J]. 国家行政学院学报，2006 (4).
④ 韩青. 您的企业执行力有多大？——企业执行力诊断 [J]. 现代企业教育，2004 (8).

性、客观性、可操作性、以定量分析为主、动态性、分类指导的原则,并初步探讨了评价体系中定性指标与定量指标的主要内容,以及获取和处理数据的基本方法①。谭功荣在《行政管理现代化评价与促进系统初探》一文中对行政管理现代化评价指标体系的构建做出了尝试性的探索,其评价指标体系的设计体现在行政环境、职能、体制、执行、人员以及效率六个方面。魏红英和李慧卿对地方政府执行力测评指标体系构建、指标的权重以及指标体系的运用方面进行了论述,其中,在测评指标体系方面,主要从执行战略、执行主体、执行资源、执行环境和执行绩效五个维度设计了一套测评地方政府执行力的评价指标,同时对于指标的权重、如何运用并获取执行力的总分进行了研究,力争能够全面、系统地测评我国地方政府执行力②。

(五)关于我国政府绩效管理的基本内涵、作用及一般原则的研究

一些学者在政府绩效管理的基础研究方面倾注了大量心血,如介绍绩效管理的内涵、要素、方法等。周志忍认为,绩效管理由组织绩效管理、项目评估、标杆管理、业务流程重塑等一系列管理机制和技术构成,包含战略规划、年度计划、持续性绩效管理、绩效报告和信息利用等环节,同时还包含了为提高组织绩效而实施的人力资源管理的原则和技术③。蔡立辉对西方国家政府绩效管理的内涵与理念进行了深入的研究,指出"绩效管理是西方国家在现存政治制度的基本框架内、在政府部分职能和公共服务输出市场化以后所采取的政府治理方式,也是公众表达利益和参与政府管理的重要途径与方法,它反映了政府管理寻求社会公平与民主价值的发展取向,贯穿了公共责任与顾客至上的管理理念"④。关于评估主体选择方面,刘旭涛认为,"在政府绩效管理体系中,组织内部的评估主体不仅包括传统的上级领导部门和组织人事部门,而且也包括组织内部的广大员工

---

① 徐绍刚. 建立健全政府绩效评价体系的构想[J]. 政治学研究,2004(3).
② 魏红英等. 我国地方政府执行力测评指标体系研究[J]. 国家行政学院学报,2008(1).
③ 周志忍. 效能建设:绩效管理的福建模式及其启示[J]. 中国行政管理,2008(11).
④ 蔡立辉. 西方国家政府绩效评估的理念及其启示 [J]. 清华大学学报(哲学社会科学版),2003(1).

和其他相关部门；组织外部的评估主体，则包括各种社会团体、专业人士、新闻媒体以及更加广泛的公民社会。这些评估主体都能从各自的角度和各自掌握的信息对政府绩效的某些方面做出自己的判断和评价"①。此外，关于绩效管理的重要意义，中国行政管理学会联合课题组认为绩效管理为落实当代政府管理的新理念提供了技术支持，在管理实践中发挥了计划辅助、监控支持等重要功能，并促进建立政府与社会的良性关系②。

（六）关于对西方各个国家政府绩效管理的经验介绍以及对我国有关启示的研究

我国学者对于西方政府绩效管理经验的介绍进行了不遗余力的积极探索，取得了可喜的成绩。范柏乃在专著《政府绩效管理》中对美国、英国、加拿大、澳大利亚、韩国等国家的政府绩效管理的实践进行了深入细致的考察，围绕政府绩效管理的若干核心问题进行了深入理论探索和实证分析。曾志柏在《英国地方政府绩效管理及其对中国的借鉴意义》中全面、深入地探讨了英国政府绩效管理的演变过程、相关背景、主要内容和运作方式等，以及对我国政府绩效管理的借鉴意义和有益启示。高小平、贾凌民、吴建南在《美国政府绩效管理的实践与启示——"提高政府绩效"研讨会及访美情况概述》一文中概述了美国政府绩效管理的情况和特点，以及对我国推进政府绩效管理的启示。皮晓曼、孙慧琳、崔凯、赵晖等也通过对英美两国的政府绩效管理的分析，总结出一些有益的经验。此外，有些学者对于国内外政府绩效管理作了比较研究，比如陈初异对国内外地方政府绩效管理发展现状进行了比较，杨钮运用行政生态学的相关理论，比较了西方国家政府绩效管理的基础、指标、开发、实施与运作、绩效管理与激励机制等。

（七）关于政府绩效管理存在的问题与政府绩效提升对策方面的研究

总的来说，在政府绩效管理的困境上，我国政府绩效管理存在的问题

---

① 刘旭涛. 政府绩效管理：制度、战略与方法 [M]. 北京：机械工业出版社，2003.
② 中国行政管理学会联合课题组. 关于政府机关工作效率标准的研究报告 [J]. 中国行政管理，2003（3）.

主要有理论研究滞后、评估主体单一、政府绩效行为难以量化、评估指标结构不合理、结果运用不合理等。王中江在《政府绩效管理前沿问题研究》中，从政府绩效管理的环境障碍、主体障碍和操作手段障碍三个方面着手，分析了问题存在的原因①。盛明科认为，我国积极开展了政府绩效评估理论研究并取得了较好成绩，但一些话语概念、逻辑体系以及研究方法照搬西方，应结合中国情景和现实问题构建本土化的政府绩效评估理论体系②。包国宪等认为，政府绩效管理的重要任务是进行成本控制，特别是评价结果与激励问责机制结合后，可以有效地制止政府行为中的亏损现象和浪费现象，并促进合理优化配置资源③。臧乃康认为，现实的政府绩效考评系统应包括绩效的目标系统、比较系统、测量系统和反馈系统，主要由信息资料收集、绩效目标确定、评估项目划分等环节构成④。

总的来看，近年来，政府执行力问题已经受到理论界和各级党委政府的关注，越来越多的国内外学者和政府管理者认识到政府的执行力对于政府的重要意义和价值，同时对政府执行力的含义、内在机理、影响因素、现实问题、提升路径等进行了多方面研究，有关论文或著作不断涌现。但是由于政府执行力这一问题本身的复杂性，有关研究还需要进一步加强。其主要体现在以下几个方面：

一是把政府执行力作为一个系统对象研究得较少，一些基本认识有待进一步廓清。政府执行力作为一个系统，有其内在运行的规律和特点，我们应当加强对这一领域的深入研究。目前，把政府执行力作为一个独立的研究对象加以研究，有关的成果还不是很多，许多理论都分布在一些单篇文章中，缺乏系统性研究。特别是有的研究目前还有待进一步统一认识，比如在政府执行力概念的界定上，学界还没有统一的定论，出现了政府执

---

① 王中江. 政府绩效管理前沿问题研究［J］. 科技情报开发与经济，2006（21）.
② 盛明科. 政府绩效评估研究的瓶颈与本土化战略的建构［J］. 行政论坛，2008（3）：39-42.
③ 包国宪等. 绩效评价：推动地方政府职能转变的科学工具——甘肃省政府绩效评价活动的实践与理论思考［J］. 中国行政管理，2005（7）.
④ 臧乃康. 政府绩效评估及其系统分析［J］. 江苏社会科学，2004（2）.

行力、政策执行力、行政执行力、行政能力等各种说法，这虽然是一种百家争鸣的好现象，但也反映出我们对此问题的认识不够深入，系统性的研究有待进一步加强。

二是政府执行力研究的角度有待进一步拓宽，立体化研究尚需加强。从系统论的角度来看，把政府执行力作为一个子系统，需要以宏观的视野或多重视野对政府执行力这个子系统以及政府运作大系统，甚至社会其他系统的特点予以研究，并研究探索政府执行力系统实现良性运作所需要的条件和环境，以及执行系统与其他系统间的互动状态，比如政府执行力建设与经济环境的关系、与文化的关系、与政治生态的关系等。现有研究大多集中在我国政府执行力的重要性、影响因素、现状以及提升路径等方面，并且研究方法较为单一，或是只谈执行力而没有更多地结合行政生态环境、行政体制、行政流程、行政文化等多种因素，从一定意义上讲，只有各种因素相互配合，从更广阔的视角构建起强有效的政府执行力体系，政府的执行力才能得到提升。

三是在对政府执行力定性研究分析的基础上，定量分析尚需加强。通过研究笔者发现，对于提升政府执行力问题的解决方案，有的是从抽象角度提出，有的仅是一种设想，有的对策缺乏现实性和操作性，均不能为解决现实问题提供有针对性的权威理论指导，也在一定程度上制约了该研究的深度拓展。而目前，我们亟须构建一个科学合理的政府执行力评估指标体系，从定量的视角去发现执行力的薄弱环节，科学地评价政府的执行力水平以及探讨切实可行的工作方案等。可喜的是，随着绩效管理体系的不断完善，研究者在政府执行力的研究方法上逐渐向定量方向努力，这也是我国政府执行力提升、研究水平提高的标志之一。同时也需要我们系统、深入地研究政府执行力与政府绩效管理发展之间的内在联系，实现政府执行力研究与政府绩效管理发展研究之间的双向互动。这些问题都有待继续做深入研究，同时也是今后有关政府执行力研究的发展趋势。

第一章 绪 论

第三节 研究的基本框架

一、研究的基本思路

基于当前我国政府执行力亟须强化的大背景,在对政府执行力的基本内涵、生成原理、基本特点及价值研究的基础上,本书侧重从政府绩效管理与政府执行力问题研究相结合的角度,首先阐释了政府绩效管理与政府执行力建设的互动耦合理论,其次从现实问题出发并从绩效视角剖析了造成政府执行力弱化的成因,最后借鉴国外政府执行力建设与绩效管理的经验,系统地提出了政府执行力提升的绩效方略和解决方案。

二、研究的主要内容

第一章是绪论,主要论述了本书的选题背景及意义、国内外研究综述、研究的基本框架、研究方法和创新之处。

第二章是政府执行力与政府绩效管理基本理论阐释,主要阐述了政府执行力的基本内涵、理论依据、生成原理、特点等,同时还介绍了政府绩效管理的基本内涵、基本理念及其应用实践情况,对两者在基础理论方面的研究作简要梳理。

第三章是政府执行力建设与政府绩效管理的互动与契合,主要论述了政府绩效管理与政府执行力建设之间的相互影响关系,并从突出服务、注重政府诚信、追求政府效能、强调政府责任以及维护政府与社会间的良性互动等方面,阐释了两者的高度契合关系。

第四章是我国政府执行力建设的衡量标准和现实困境,主要论述了我国政府执行力建设的衡量标准,体现在执行态度、力度、速度、效度、难度等几个方面。随后，以此为参照来分析我国政府执行力建设的现状，剖析了政府执行力不足的七种表现。

第五章是从绩效视角分析我国政府执行力的现状，主要从绩效管理价值取向、绩效评估主体多元化程度、绩效评估指标体系、绩效操作流程和使用方法、公众参与渠道、绩效结果运用、绩效制度建设以及绩效文化建设等方面分析我国政府执行力困境产生的原因。

第六章是国外政府绩效管理与政府执行力建设的经验和启示，主要介绍了美国、英国、加拿大、韩国、新西兰、荷兰等国家的成功经验和做法，并进一步总结其有益做法和需要进一步完善改进之处。

第七章是我国政府执行力提升的绩效方略，针对我国政府执行力建设的困境，基于绩效管理的理念，提出了提升政府执行力的若干对策，主要包括进一步树立政府执行力建设的绩效导向、构建合理多元的评估主体体制、完善政府执行力评估指标体系、改进绩效管理的流程和方法、加大公民参与力度、优化绩效结果的使用、提高绩效管理制度供给、提高绩效文化建设水平等。

第八章是一种实践探索：通过督查与绩效管理相结合的方式促进政府执行力的提升，论述了督查工作对提升政府执行力的独特作用，介绍了当前督查工作与绩效管理相结合的成功经验和做法，并对探索建立督查与绩效管理体系，提高政府执行力提出了完善建议。

第九章是研究结论及展望，主要对本书的研究进行了归纳，并提出了下一步的努力方向。

三、研究的重点难点

一是对我国政府执行力建设的内涵、理论基础、生成机理、运行规律及特点、衡量标准等进行剖析和论述，进一步梳理和拓展基础研究的成果。

二是将政府绩效管理引入我国政府执行力的建设之中，并进一步揭示和论述两者的互动耦合关系，简称为互动耦合理论。

三是对我国政府执行力建设困境进行分析，从绩效视角探寻政府执行力困境的成因，同时提出政府执行力提升的绩效方略。

四是我国政府执行力评估指标体系的构建及运用。

第四节 研究的创新之处和主要方法

一、研究的创新之处

一是选题创新。目前，我国对政府执行力和政府绩效管理方面的研究几乎是各自为战，彼此之间相互交集、融合的地方较少。本书把绩效管理战略引入到了政府执行力问题的研究中，不仅拓宽了执行力建设的研究视角，而且有利于整合研究资源，促进彼此之间的融合和相互提升。

二是内容创新。将政府绩效管理与政府执行力建设紧密结合，探索了两者的互动耦合理论，剖析了两者之间存在的诸多契合之处，填补了政府绩效管理和政府执行力研究理论的空白。从绩效视角分析了我国政府执行力弱化的现状，并提出了政府执行力提升的绩效方略，对于高效政府的建设具有一定的理论和实践意义。

二、研究的主要方法

本书主要运用了以下六种具体方法：

（1）文献检索分析方法。借鉴已有的研究成果，有利于避免重复研究、少走弯路，更有利于站在巨人肩膀上看得更远。本书充分利用网络手段和国家图书馆的各种资源，对当前已有的有关政府执行力、政府绩效管理等方面的图书、论文、文摘等资料进行收集、筛选，并进行综合分析。其目的在于收集整理该研究所需要的理论资料和前人的研究成果，从中发现有待深入研究的问题，并结合管理学等学科的相关理论进行初步分析，从而得出结论。

（2）规范分析方法。研究政府执行力提升的现实问题及其解决对策，不能只研究现实层面的状况，还应当注重研究政府执行力建设的内在机理，特别是要弄明白"应当是什么"的问题，为此有必要对一些问题的研究采取定性分析和演绎的方法，进行必要的逻辑推演和分析论述，这也是本书所采用的主要方法之一。

（3）系统研究方法。从事物的整体出发，着眼于整体与部分、功能与结构以及整体与环境等的相互作用，寻求系统化的解决方案，是系统研究方法的独特优势。本书将政府绩效管理和政府执行力建设结合起来，深入研究两者的内在关系，并综合利用政治学、管理学、法学、计量学等学科的理论知识，论证政府绩效管理与政府执行力的互动耦合关系，提出了政府执行力提升的绩效解决方案。

（4）历史分析方法。把研究对象放到特定的历史范围和背景中加以考察和研究，是本书的研究方法之一。本书考察了政府执行力及政府绩效管理产生和发展的历程、经过的主要阶段、产生的主要观点，并根据目前的发展状况来分析和研究未来发展路径和努力方向。

（5）比较研究方法。本书对政府绩效管理与政府执行力研究的若干问题进行了比较，同时对政府执行力的若干相似概念以及国内外有关实践问题进行了辨别剖析，以便更加清醒地认识我国政府执行力建设的基本规律、现状等，同时有针对性地提出完善对策。

（6）制度分析法。制度问题具有根本性、全局性、稳定性和长期性，任何路线、方针以及公共政策的执行都是在一定的制度框架内进行，制度为公共政策的有效执行提供了重要的外部环境。本书将国家的总体制度环境作为具体分析政府绩效管理与政府执行力理论和实践的"制度"变量，论述了政府执行力的生成原理并探讨了执行力评估体系的构建问题，同时还进一步完善了政府绩效管理与政府执行力互动发展的制度。

第二章　政府执行力与政府绩效管理基本理论阐释

第一节　政府执行力的基本理论阐释

一、政府执行力的基本内涵

近些年来，国内学者借助西方公共行政学的分析框架和研究工具，结合我国政府管理实际，提出了"政府执行力"的概念。由于各自研究角度不一，学者们提出的概念也不尽相同，比如政策执行能力、行政执行力和政府执行力等，这些概念看似相同也有区别，但总体而言，这些概念的提出增进了我们对政府与执行、执行力之间密切关系的认识，为研究这一领域的后继者提供了基础性的理论参考和借鉴。目前关于政府执行力的内涵，学者们也存在不同的观点，归纳起来主要有三种观点。第一种观点是从能力角度来谈政府执行力，认为政府执行力就是政府在分析问题和解决问题时所体现出的能力。徐珂认为，政府执行力在广义上指政府为达到既定目标，对各种资源进行调控，处理政府日常事务所表现出来的政府内在的能力和效力；在狭义上指各级政府在决策的设计、执行和监督过程中所表现出来的行动、操作和实现能力及效力①。蔺全录提出政府执行力包含三方面内容：在政治思想方面，即国家公务员的政治信念、精神风貌与道德品质；在制度安排方面，即行政体制；在能力方面，即公务员的创造力。这三个方面决定了执行力的差别性②。第二种观点是从政策执行的角度来谈政府执行力，即主张政府执行力就是政府贯彻落实政策的能力。谢庆奎提出政府执行力是政府执行的能力和效能，是政府贯彻执行党和国家路线方针政策以实现既定目标的实践能力。第三种观点是从合力的角度来谈政府执行力，即认为政府执行力是各种能力的综合体。姚克利认为，政府执行力是一种合力，它是执行主体、客体、环境、资源和绩效等的有机结合③，是执行各种要素和现实主客观条件相互作用的结果。

还有学者指出政府执行力是政府部门及其工作人员执行国家法律、党的路线方针政策的理解力、形势判断力、贯彻推进力以及纠正失误能力等各种能力的总和④。这种观点较为全面地反映了政府执行力的内在构成要素，比较接近政府执行力的本质特征，因而也得到多数学者的认可。

笔者以为，政府执行力不仅指政府在处理日常事务和政策执行过程中面对问题、分析问题和研究解决问题的能力，更是指政府对各种资源以及外部环境因素等进行综合调度使用，从而确保公共政策、决策、法令、战略、计划有效实施和政府日常性公共事务顺利执行的政府合力。从本质上讲，也就是我们常说的"抓落实"的能力。

一是执行的主体指政府机关及其工作人员。从政府管理的角度来看，政府执行力是政府机关或其工作人员把有关决策变为现实以达到预期目标的全过程。政府执行力于政府而言至关重要，它是各级政府机关及其工作人员存续发展和发挥自身作用的客观要求和基本前提。一般而言，执行力强的政府能够稳妥处理国内外各种问题和挑战，行政效率高，群众满意度高，而执行力不强的政府则往往对国内外各种问题和挑战束手无策，效率

---

① 徐珂. 政府执行力 [M]. 北京：新华出版社，2007.
② 蔺全录. 关于提高政府执行力的一些思考 [J]. 中国行政管理，2006（8）.
③ 姚克利. 试论政府执行力的生成与提升 [J]. 大连干部学刊，2006（8）.
④ 强恩芳. 我国当前的行政执行与政府执行力研究 [J]. 行政与法，2008（8）.

低下，群众怨声载道。

二是政府执行力作为一种关于"执行"的"力"，具体包含以下三个方面：

第一，政府执行力是一种综合的"能力"。政府执行力是政府执行各项任务所需的"能力""力量"等，它包括多重能力，如判断力、理解力、谋划决断力、协调处理力以及危机管控力等。依靠这种功能性执行力量，政府才能较好地履行推动国家经济社会发展职能，不断提供良好的公共产品、公共服务，较好地执行国家的法律法规、政策、决策等。

第二，政府执行力是一种"合力"。政府执行力不是政府机关的各种资源诸如人员、物资、制度、设备、信息的简单机械相加，而是多种因素相互联系、相互作用、相互影响而形成的整体合力。同时，鉴于影响政府执行力的因素是多方面的，它还指执行主体整合和运用政治、经济、文化等多方面资源产生的一种综合效应的力量。

第三，政府执行力是一种"效力"。现代公共管理追求以最快的速度、最好的质量、最少的消耗准确地实现行政决策的目标。因此，政府在履职过程中，还须兼顾效率与公平，充分考虑成本和收益问题，把责任、权利和义务有机统一起来。一般说来，行政效率低下、开支费用过高或者责权不统一的政府都与现代公共管理的价值追求相违背，甚至其所作所为会为其存续发展带来负面影响，并进而影响整个政权存续发展的合法性。

三是政府执行力是一种可以测量的"力"。在实际工作中，可以从不同的角度、利用不同的测量标准来测量政府执行力的强弱。从政策学角度看，可以从执行的态度、力度、速度、效度以及满意度等方面来衡量政府执行力，特别是执行是否有效、是否达到预期目标，以及执行后的外部反映包括上级领导以及民众、社会团体对其执行效果的满意度，来测量政府的执行力。此外，从行政学角度看，执行力作为一种整合力，也可以从组织结构合理度、人员配备科学度、执行机构融合度来衡量一个单位的执行力的强弱。

二、政府执行力与相关概念的区别

目前,我国关于政府执行力的研究还不系统、不深入,在政府执行力内涵的理解上出现了政府能力、行政执行力、政策执行力等诸多相近或相似的说法,这些概念易与政府执行力相混淆,有必要加以辨别。

(一) 政府执行力与政府执行

一般而言,政府执行是指一个活动过程,具体指政府为了实现某项决策所开展的执行活动的全部过程,而政府执行力指在这一过程中所体现出来的综合能力。政府执行在政府活动中有着重要的地位,行政管理学的创始人威尔逊、古德诺、韦伯等一再强调执行活动在政府行政工作中的重要意义,并把"执行"确定为行政学研究的主要范畴。政府执行是政府执行力的存在基础和合法性前提,政府执行的重要价值和作用也直接决定着政府执行力的重要价值和作用。

(二) 政府执行力与政策执行

政府执行力与政策执行两者之间既有密切联系,也有明显区别。从联系的角度看,政策执行离不开政府执行力,政策执行的每一个具体环节都体现着政府执行力的强弱。政府执行力也离不开政策执行,因为只有在政策执行的过程中才会体现执行力的价值。从区别的角度看,两者本属不同的范畴,政策执行是把政策目标变为现实的整个过程,而政府执行力则是在整个政策执行过程中所体现出来的能力和效果。

(三) 政府执行力与政府能力

一般而言,这两个概念比较接近。从联系上看,政府能力和政府执行力都是一种效能和力量,政府能力分为形势分析研判能力、宏观调控能力、政策执行能力、公共服务能力以及社会控制能力等,是政府管理活动的效能和力量,而政府执行力是政府执行的效能和力量,从概念上剖析,政府执行力应当包含在政府能力中。同时,政府能力的体现和彰显也有赖于政府执行力,政府执行力的弱化会直接凸显政府的无能,二者相互支撑、相互联系。从区别上看,政府能力的构成要素主要有权威资源、人力资源、物资设备资源、财力资源、文化资源、制度资源等要素，而政府执行力的构成要素则包括执行主体、执行客体、执行资源、执行绩效等，两者在内涵以及构成要素上是有区别的。

（四）政府执行力与行政执行力

所谓行政执行力，是指行政部门或行政组织特别是政府部门贯彻执行党和国家方针政策以及上级指示的能力。从主体范围上看，公共部门以及包括私人部门在内的行政组织或行政人员贯彻执行的能力，都可以称为行政执行力。而政府执行力是政府部门及其工作人员在履行职责过程中所体现的执行能力。所以，政府执行力与行政执行力的内涵、外延大小是不同的，笔者认为，行政执行力的主体范围大于政府执行力，政府执行力则是行政管理中主体限定为政府的关于"行政执行"的那部分"力"。

三、政府执行力的理论依据

政府执行力的提升有其理论依据，除了前文介绍的"政策执行"理论，管理学中的帕金森定律、新公共管理学追求效率的思想，经济学中的交易成本理论、委托—代理理论，以及哲学中的系统论等思想，都为其提供了理论支撑。

（一）帕金森组织结构伪适应思想

帕金森定律是官僚主义或官僚主义现象的一种别称，也可称之为"官场病""组织麻痹病"或者"大企业病"，源于英国著名历史学家诺斯古德·帕金森于1958年出版的《帕金森定律》一书。帕金森在对组织机构的无效活动进行调查和分析时发现，在一个组织中，机构和人员的增加并不完全来自于现实工作的需要，而是有其自身的法则，即要维护组织机构内部的关系网络和权力威信。同时管理活动本身会制造工作，通过不断增加人手会制造出功能重叠、互相扯皮的管理体系，从而使工作目标不明确、工作内容不紧凑，进而导致工作效率低下。这是帕金森定律中最著名的阐述，概括为：雇员的数量和实际工作量之间根本不存在任何联系①。帕金森定律指明了组织机构的臃肿、低效能与组织机构表面上的"伪适应症"是直接相关的。所谓组织机构的伪适应，即组织机构的运行很大程度上不是为了实现组织的目标，而是为了维持组织机构内部所谓的存在关系和权力威信。因而从表面上看，庞大的组织机构始终忙忙碌碌，而实际上组织机构的许多活动处在一种做无用功的状态，这就是所谓的"伪适应"状态②。因此，为了提升政府执行力，在组织机构的设置与管理中，应该对职责进行细化分工，并要坚持以职选人，防止无依据地增加工作量；同时还要不断提高组织机构的目标实现标准，使政府管理机构处在一种"反膨胀"的状态之中。

（二）新公共管理理论的追求效率思想

新公共管理理论是20世纪80年代以来兴盛于英美等西方国家的一种新的公共行政理论，也是近年来西方开展行政体制改革的主体指导思想之一。它以现代经济学为理论基础，认为追求效率也应当是公共行政的出发点和落脚点，主张在政府等公共部门广泛采用私营部门成功的管理方法和运行机制。新公共管理在追求效率方面，一是更加关注公共部门直接提供服务的效率和质量，为了追求效率，政府要对外界情况的变化做出主动的反应，同时可以在内部管理上更加灵活；二是实行严格的绩效控制，为了达成组织的整体目标，需要对组织内的具体成员确定具体目标，并对完成情况进行测量和考核以及设立相应的奖惩；三是广泛采用或借鉴私营部门成功的管理手段和经验，如成本效益分析、全面质量管理等有效的方式方法。从一定意义上讲，新公共管理追求效率的思想，实际上是强调加强执行力建设，减少执行成本，提高执行效能。

（三）经济学中的交易成本理论

所谓交易成本就是在一定的社会关系中，人们自愿交往、彼此合作达成交易所支付的成本，具体来讲，是指当交易行为发生时，所随同产生的

---

① 莫聪. 帕金森定律 [J]. 新一代，2013（4）.
② 严红梅. 提升政府执行力之对策研究 [J]. 特区实践与理论，2010（6）.

人际交往、信息搜寻、条件谈判与交易实施等各项成本。交易成本理论提出，合法权利的初始界定会对经济的运行效率产生影响，也就是说合理的制度安排和制度创新，能够有效地控制与减少交易成本的支出。此外，在不同的经济体制下，交易成本是不同的，因此为了求得交易成本的最小化，人们就会在不同的经济体制中进行选择。交易成本理论对于公共管理活动也同样适用，可以把公共管理活动看成是一种交易活动，并关注在交易活动中如何建立最优的管理组织和制度体系。如果交易活动效率高，交易成本少，就认为政府执行力强。改革开放以来，我国取得了伟大的成就，其中一个重要的原因就是我国出台了政府治理或相关的制度、法规措施，降低了交易成本，提高了整个社会的运行效率，同时促进了政府执行力的提高，显示出独特的治理优势。

（四）"委托—代理"理论

现代意义上委托—代理的概念最早由罗斯在《代理经济理论：委托人问题》中提出："如果当事人双方，其中代理人一方代表委托人一方的利益行使某些决策权，则代理关系就随之产生。""委托—代理"理论与契约理论密不可分，其核心问题是研究在利益冲突和信息不对称的条件下，委托人如何设计最优契约，以此来激励和约束代理人，并将代理成本控制在最佳水平。"委托—代理"理论主要用来研究企业治理问题，但在政府执行过程中，也存在着一种"委托—代理"关系。在这个过程中，公众及政策制定机关是委托人，负责执行的各级政府及工作人员则是代理人，公众及政策制定机关作为委托人明确了代理人的权限和职责，负责执行的各级政府及工作人员作为代理人要忠实地执行委托人的意图，从一定意义上说，政策执行不到位的问题，也就相当于"委托—代理"中代理人违背委托人利益的问题。

（五）哲学中的系统论

通常认为，系统是由若干要素有机构成并具有某种特定功能的整体，它一般包括系统、要素、结构、功能四个概念，涉及要素与要素、要素与系统、系统与环境三方面的关系。贝塔朗菲在其专著《一般系统理论：基础、发展和应用》中对系统论进行了深入阐释。其实，政府执行力也是一个系统概念,政府执行力的提升也是一个系统工程,也要研究系统、要素、环境三者的辩证关系和互动规律,并通过系统的方法来分析问题、寻找对策。就其内部构成而言,政府执行力其各要素之间相互联系,密不可分;就其外部环境而言,政府执行力也和周边的政治、经济、法律、文化环境相互联系。

四、政府执行力的重要价值

(一)提升政府执行力是实现党和政府执政宗旨的必然要求

政府执行力的强弱,直接关系着政府组织实现国家意志的程度。如果缺少强大的执行力,政府的战略决策和部署将很难实现,其所确立的目标将是"镜中花""水中月"。我国各级党委和政府就是要为人民办实事,为百姓谋福利,而要切实做到为民谋福利,除了进一步完善法规政策、不断健全管理体制外,最重要的就是不断提高执行效率,提高政府执行力,把各项决策部署落到实处,进而让百姓直接获利,有"获得感"和"满意感"。否则,党和政府的威信将会荡然无存,政府组织也将难以正常运行和开展工作,不断满足人民群众日益增长的美好生活需要也将会是一句空话。

(二)提升政府执行力是建设高效政府的根本保障

建立高效政府、提高政府执行力是现代各国政府管理的一个共同追求。从哲学的角度来看,制定政策侧重于能否以科学合理的形式反映社会现实需求和公众需求,而执行政策侧重于能否以快捷且有效的方式实现政策目标。政府执行力则是主观见之于客观、达到认识与实践的有机统一,进而实现政策目标的关键性因素。任何一个政策方案,即使正确完美,也无法自动地变为现实,最终还是决定于政策的有效执行。另外,从法理学的角度来看,政府是代表人民行使管理国家和社会事务的权力,政府履行自身职责是一种权力,更是一种责任。只有切实有效地履行职责,才能受到人民群众拥护。就这个意义而言,政府执行力水平的高低直接反映了政府履责的程度,也决定了群众是否会发自内心地拥护。事实证明,政府执行力强,国家的战略部署和政策决策将很快落到实处,人民群众的幸福感和满足感就会增强，人民群众会更加拥护，而没有较强的执行力，将一事无成。

(三) 提升政府执行力是政府加强自身建设和改革的现实着力点

当前我国正处在深化改革开放和现代化建设的关键期，在这个时期，体制机制、思想观念、价值标准发生了不少变化，不同领域、不同层次、不同规模和程度的矛盾与冲突也时常出现，给政府管理尤其是政府执行带来了不少困扰，使转型时期的政府执行遇到种种难题，"有令不行、有禁不止"的现象屡禁不止。在这种情况下，剖析这些问题的成因，寻求有效提高政府执行力的途径和方法，既是政府推进自身建设和改革的现实需要，也是破解诸多政府管理问题的突破口和着力点。同时，随着社会经济结构的深刻变化，中国社会各个群体利益结构的调整日益复杂和急迫，如何平衡各个阶层、各个集团的利益也成为当前政府亟待解决的重要问题。然而，社会的资源总是有限的，若想全面并且平等地实现各个阶层、各个集团的利益，对任何一届政府而言都不是一件容易的事。笔者认为，当务之急是要提高政府执行力，一是可以不断提高政府对有限的社会资源的利用效率，从而减少"与民争利"问题的发生；二是可以加快落实关于各种群体利益结构调整的决策部署，也就是"快刀斩乱麻"，部署制定后要抓紧落实，甚至边落实边进一步完善政策，使各种问题尽快解决，而不是悬而不决、久拖不决，从而加剧社会矛盾。

(四) 提升政府执行力是全球化对当代政府的能力要求

随着全球化的深入推进，各个国家间的经济、政治、文化等方面的联系达到了前所未有的密切程度，国内政策和国际政策的联系日益紧密，一国内部的政府治理与全球治理更加密切，许多原本属于一国国内范畴的问题逐渐成为全球性国际问题，这为政府执行力的有效提升提供了更为广阔的空间，因为执行所涉及的领域更宽、手段更多样、可调动的资源更丰富，执行的效能或效果更为明显。同时，全球化也对政府执行系统自身结构的调整和能力的提升提出了更高的要求，如何适应更为复杂的国际形势，如何取得各个方面的支持，如何统筹使用好各方面资源，如何利用更好的执行手段，这些都是全球化给政府管理提出的新课题、新任务，需要我们认真加以研究并解决。

五、政府执行力的生成机理

对政府执行力的生成机理进行分析，主要目的就是了解政府执行力究竟是怎样产生的。前文已述及，政府执行力不是某些"力"的简单或机械相加，而是政府组织内的各种资源如人员、制度、物资、设备、信息等相互作用，并在一定的条件和环境影响下产生出来的合力。政府执行力的高低必然受到执行各个要件的完备程度及各个要件质量好坏的影响，并与执行运转机制和外部环境影响等有关。一般来讲，政府执行力的生成要素主要包括执行主体、执行客体、执行资源、执行环境、执行制度等。

（一）执行主体

"主体"一般是指具有行为意识和行为能力的组织和个人。执行主体主要指政府组织内部负责执行决策部署、上级决定以及负责政府日常事务运行的政府执行组织及其人员。执行主体在政府执行力生成中居于核心地位，发挥着关键作用，是政府执行力量的重要来源，同时也对执行力其他要素发挥作用起着主导作用。政府执行主体包括两个方面：一方面是执行组织，机构合理、权责明确的执行组织所产生的执行力往往大于个体执行力的简单相加，发挥整体效应；另一方面是执行个体，个体的素质高低及能力强弱也会对政府执行力产生直接的影响。

（二）执行客体

执行客体是指政府执行的目标对象，也包含因执行而受到影响的有关对象。政府执行实质是执行主体与执行客体相互作用的过程，政府执行的结果、政府执行力的高低并不完全取决于执行主体的能力和水平，也在很大程度上受执行客体的影响。并且，执行主体与执行客体之间的合作或者融合程度，也会对政府执行力产生作用。如果执行主体能够尊重并满足执行客体的意愿要求，其政策目标就有可能被理解、接受和受到拥护，执行主体与客体间相互配合，执行力就高；否则，受众对象对执行政策不理解，对执行主体不配合，即使再美好的政策目标，实施起来也会有难度。

由此来看，执行客体对政府执行力而言是不可或缺的。比如在基层政府工作中，受各种因素的影响和制约，以及政府对政策的宣传、解释不及时、不到位，再加上某些群众的固有观念难以转变，不理解政府的执行活动，甚至抵触、对抗，这就在很大程度上增加了政府执行的阻力。

（三）执行资源

执行资源是保证政府执行力正常发挥的前提和必要支撑，执行资源的丰富程度也在很大程度上影响着政府执行力的强弱。一般来说，在同等条件下，执行条件准备得越充分，执行资源越丰富，执行工作越容易开展，公共政策、决策等越容易落地执行，政策执行效果也就越好。执行资源有多种，主要包含人力资源、财力资源、信息资源、权威资源等。人力资源是政府执行所需要的最重要的资源，包括质和量两个方面，并且质的作用大于量。一般来讲，所调用的人力资源越多，执行任务越顺利，但当人力资源的数量超过客观所需要的职位数量以后，会出现一种"帕金森"现象，也就是所谓的官僚主义现象，执行系统的内耗增大，系统的能量随之开始下降。同时，人力资源"质"的作用要比"量"大得多，因为一定的"质"可以弥补"量"上的不足，同时，质又直接影响到政府执行力其他因素效能的发挥。财力资源是政府执行力生成的重要物质基础。俗话说"巧妇难为无米之炊"，必要的经费、设备等为执行工作的开展创造有利条件，没有一定的财力和物资设备支持，各项政策及日常事务的完成将举步维艰。信息资源是政府执行力产生和发挥作用的重要保证，因为政府的执行过程也是一个信息的收集、传递、加工、反馈过程，信息闭塞或交流不畅就会影响对执行活动的分析判断，并进而影响各项资源的配置。权威资源是政府执行力发挥作用的根本保证。C.林德布洛姆（Lindbrom）指出，"权威关系是支撑政府的基石，权威对政府之要紧，如同交换对市场制度之要紧一样"①。可见，权威是保证政府执行力合法的源泉，不仅在很大程度上影响着执行客体是否认同、接受并支持政策执行，而且在很大程度上决定着执行工作能否顺利展开。一般而言，政府权威与政府执行力是呈正

---

① C.林德布洛姆.政治与市场［M］.上海：三联书店，1992.

相关关系的,政府权威越高,公众对政府越信服,执行工作越顺利,其执行力越强;反之,政府失去威信,公众就会对政府不信任、不支持,政府公信力不强,执行工作会层层遇阻,甚至一些正确合理的主张也得不到理解,产生所谓的"塔西佗"现象。

(四)执行环境

执行环境是指直接或间接影响执行过程、执行方式和执行效果的外部要素的总和。这些外部要素形式多样,总体可分为经济环境、政治环境、文化环境、社会环境、自然环境等。按照系统论的观点,政府组织是一个开放的系统,政府的活动虽然可以主动改造外部环境,但不可否认的是,政府的任何一项活动都要受制于外部环境。不同的执行环境往往产生不同的执行效果,适宜的环境无疑有助于政府执行,反之,不适宜的环境必将妨碍政府顺利执行有关政策。正如摩尔在他的《民主与专制的社会起源》中所指出的那样,"形形色色的政策种籽撒播在不同的土壤中,在某块土地上这一类种籽破土而出,茁发为参天大树,而在社会历史环境悬殊的另一片土地上,却遭到摧残,以致不得不让位于另一类植物群落,由此形成了风格迥异、类别歧出的社会景观"。①

(五)执行制度

诺斯在《制度、制度变迁与经济绩效》一书中指出,"制度是由一系列的正式约束与社会认可的部分非正式约束及它们的实施机制所构成"。②执行制度是指政府组织系统以及维系其运行管理的一系列体制机制,包括决策机制、沟通机制、反馈机制以及监督机制等。执行机制的主要作用就是将执行力的各个要素进行整合,使整个执行力系统得以协调运转。如果执行机制是合理高效的,各种执行力量就会有效整合,并且良好的机制具有有效集聚或扩大效果的作用,进一步增强执行的力量,产生强大的"1+1>2"效应;反之,如果执行机制运转不顺畅,各个要素间就会杂乱无章、

---

① 摩尔. 民主与专制的社会起源 [M]. 北京:华夏出版社,1987.
② 道格拉斯·C.诺斯. 制度、制度变迁与经济绩效 [M]. 上海:人民出版社,2014.

第二章 政府执行力与政府绩效管理基本理论阐释

缺乏联系,各自朝着不同方向前进甚至相互掣肘,就会使得各种力量相互抵消,整体执行力就会很弱。

六、政府执行力的特点

加强政府执行力建设,是加强党的执政能力建设的重要途径,是建设责任型、法治型、服务型政府的必然要求,是实现行为规范、运转协调、公正透明、廉洁高效的政府管理体制的具体体现。从执行力建设的内在要求出发,同时结合执行力所承载的道德价值及历史使命,笔者认为,政府执行力呈现出以下几个特点:

(一)效率性

行政学鼻祖威尔逊于1887年在美国《政治科学季刊》上发表的论文《行政之研究》中指出,公共行政研究的目标"首先在于发现政府能恰当成功地做些什么,其次在于发现政府如何以最少的资金和精力为代价,并以最大可能的效率来做这些恰当的事"。从语言学角度来看,"力"是一种力量、能力、成效,而政府执行力本身就凸显出对执行能力、效率、绩效的强调。从现实问题出发,政府执行力弱化问题令人担忧,提高执行效率已经迫在眉睫。由此可见,效率性必然成为政府执行力的首要特性,循此逻辑,对于政府执行力研究而言,研究的主旨应当在于如何克服和消除束缚执行力提升的各种因素,以真正提升执行的能力和效率,即政府执行力研究必须关注如何以制度的创新与技术层面的革新来解除束缚政府执行力提升的瓶颈。

(二)主动性

执行主体在执行上级的政策或是开展日常工作时,都要对一定的政策、计划、方案等进行分析,都要结合自身实际制定具体的工作方案,执行主体的主观能动性以及能力素质显得特别重要。因此,一旦政策进入执行阶段,执行主体就有了执行的主动权。执行主体会对政策目标进行分解,根据自身的条件及执行环境等因素,选择具体的执行方略。与此同时,在适当的时候,执行主体还能够自由裁量,发挥主动性和创造性,因地制宜将政策加以贯彻落实。所以，政府执行的过程就是执行主体发挥主观能动性的过程，因而政府执行力体现出主动性的特征。

（三）伦理性

政府执行力作为政府能力的重要组成部分，也要体现政府管理的公共属性和道德价值。我国学者张国庆认为，"行政能力"就是"政府在既定的宪政体制内，通过正确地制定和有效地执行公共政策，进而引导和推动本国社会快速、均衡、健康、持续发展的能力，以及有效地对社会实施公共行政管理的能力"。① 这一观点全面地揭示了"行政能力"促进社会良性发展的本质。因此，政府执行力的提高不能完全只重视效率，还应重视执行主体的德行，重视执行能否促进社会的良性发展。相应地，伦理性问题就成为了政府执行力的又一特性。政府执行力应该是价值理性与工具理性的统一体，不仅要思考"如何提高"，更要明确"为何提高""为谁提高"。

（四）系统性

如前文所述，政府执行力是一个系统概念，政府执行力的提升也是一个系统工程。一方面，政府执行主体是各级政府组织及个人，有着复杂的管理机构或处在复杂的组织系统中；另一方面，执行客体是特定的社会组织和公众，也是复杂的社会系统。并且，执行主体与执行客体都与外在的经济、政治、文化环境密切相关，对政府执行力产生广泛影响。

（五）动态性

政府执行并不是一成不变的，它随着执行时间、内容、环境、客体、制度等因素的变化而变化，同时政府执行力也会呈现动态性。比如，在不同的时期，人们对某项政策的态度可能会发生变化，随着时间的流逝，有的群众对该政策更加拥护，有的则持相反态度，执行效果也会不尽相同。从执行主体上看，有的地方或部门由于管理者的变化，对某一政策的推行力度不尽相同。从执行客体上看，同样的政策对于不同的作用对象也有着不同的效果。

---

① 张国庆. 行政管理学概论（第二版）[M]. 北京：北京大学出版社，2000.

（六）逆控性

执行政策的逆控性主要表现为对原政策的调整和完善。政府执行效率低下不仅仅是执行主体等方面的原因，有时还因为政策本身缺乏合理性或可操作性。为增进执行力度，就必须回过头来从政策上找原因，有的政策已经过时了，有的政策没有考虑实际的情况，有的政策相互矛盾，这些政策质量不高的因素也是造成政府执行力弱化的一个重要原因。从这个意义上说，政策的执行就是不断地试错，又不断地纠错。执行的过程反过来影响政策本身，要求调整和完善政策。"从最基本的意义上来说，执行是一种暴露现实并根据现实采取行动的系统化方式"，"执行可被理解为一个持续、动态、无序的程序的结果，事实上，执行是一个相互影响、相互依赖的程序。这些持续不断的相互作用，不断左右和重新决定政策执行"①。

第二节　政府绩效管理的基本内涵、基本理念和应用实践

一、政府绩效管理的基本内涵

对于政府绩效管理的理解，首先从政府绩效开始。政府绩效在西方发达国家被称为"公共生产力""国家生产力""公共组织绩效"等，用于政府行为效果的衡量，其中包含政府在社会经济管理活动中的业绩、效果和效率，是政府能力的根本体现②。不同学者基于不同的视角对"政府绩效"进行界定，有的从管理学的角度来界定，认为绩效就是为实现结果而管理

---

① 詹姆斯·W. 费斯勒. 公共行政学新论：行政过程的政治 [M]. 北京：中国人民大学出版社，2013.
② 彭国甫. 地方政府公共事业管理绩效评价研究 [M]. 长沙：湖南人民出版社，2004.

公共项目，如科内（Kearney）和伯曼（Berman）认为，公共绩效的一个显著特点就是它由效益、效率和公正等多个同等重要的标准加以引导和评估；有的从政府获取和使用资源的能力角度界定政府绩效，比如经济合作与发展组织把绩效界定为一个组织或部门获取资源并高效率、高效益地使用这些资源实现目标的熟练性。

要科学地揭示"政府绩效"的内涵，就必须从一般组织绩效产生的逻辑过程出发，关注政府组织管理的"公共性"特征以及其内在的规定性。因此，政府绩效可以定义为政府在积极履行公共职责的过程中，在保持内部与外部管理的各种因素相统一的基础上，获得公共效益的最大化。政府绩效一般包括以下四个方面的内容：①经济绩效。经济绩效是政府绩效的核心，国民经济不仅在量上增加，而且在结构合理的前提下也要有质的提升。②社会绩效。社会绩效是政府绩效的价值目标，是指经济发展基础上的社会全面进步、人民生活水平的普遍提高、社会生活安定等。③政治绩效。政治绩效是政府绩效的中枢，最主要的表现形式是制度安排和制度创新，政治绩效越凸显，说明政治制度安排的能力越强。④文化绩效。它表现为公众的受教育率以及文化素质和道德水平的提高[①]。需要说明的是，经济绩效、社会绩效、政治绩效和文化绩效只是政府绩效的基本组成部分而不是全部，政府绩效也不是政府单项努力的短期回报，而是一个长时间与政府运行相关的各方面共同作用的成果。

对于政府绩效管理的含义，存在着许多不同的理解。现行韩国的《政府业务评价基本法》认为，政府绩效管理就是在执行政府业务过程中，树立机关的任务、中长期目标、年度目标、成果指标，用经济性、能率性、效果性的观点来管理该执行过程和执行结果的一系列活动[②]。中国行政管理学会联合课题组对政府绩效管理也给出了较为系统的表述，即政府绩效管理就是运用科学的方法、标准和程序，对政府机关的业绩、成就和实际

---

① 李超. 我国政府绩效管理存在的问题及对策研究 [D]. 河南大学硕士学位论文，2010.
② 韩国《政府业务评价基本法》，2001 年.

工作做出尽可能准确的评价，在此基础上对政府绩效进行改善和提高①。笔者认为，政府绩效管理是由许多环节和因素组成的系统，其整体流程主要包括制定绩效计划、实施绩效监控、开展绩效评估和进行绩效反馈四个环节，从而形成一个"投入—过程—产出—反馈"的效能模式。该模式包含组织绩效和个人绩效两大部分，组织效能的提高是绩效管理的最终目的，而对个体工作业绩的管理则构成了绩效管理的重要内容与途径。具体而言，其内涵包括以下几点：

（一）政府绩效管理以"管理主义"为基本精神

"管理主义"是新公共管理运动的指导思想，主张引入各种市场机制，积极借鉴私营部门的管理方法和技术，并希望通过改革，使政府以较少的成本变成一个高效的回应型政府。政府绩效管理以"管理主义"为基本精神，以提高绩效为目的，把企业绩效评估的成熟技术运用到政府管理过程中，积极引入市场竞争机制、评价反馈机制、奖惩机制，致力于寻求一种新的治理模式和管理机制，从而促使政府更好地配置和使用社会资源。

（二）政府绩效管理以"结果为本"

哈佛大学教授巴达赫说过，作为当代政府改革的实践指南，新公共管理"最核心的观点是为结果而管理（managing for results），而不是努力去完成那些不被期望做的事；最重要的结果之一则是使'顾客'满意"。②在传统的行政管理中，关注的焦点是"过程为本""规则为本""投入为本"，更多的时候则忽视结果。而新公共管理理念指导下的政府绩效管理是以结果为本的管理，它围绕结果开展绩效计划、绩效监控、绩效评估、沟通反馈等，力求用最少的投入获得最大的效果。

（三）政府绩效管理遵循"以公民为中心"原则

以公民为中心，要求评估政府绩效的优劣，不仅考察它投入了多少资源，取得了多大经济效益，更应考察它的工作在多大程度上满足了社会公

---

① 中国行政管理学会联合课题组.关于政府机关工作效率标准的研究报告［J］.中国行政管理，2003（3）.
② Bardach. Eugene Getting Agencies to Work Together：The Practice and Theory of Managerial Craftsmanship［M］.Washington D.C.：Brookings Institution Press，1998.

众的需求。以公民为中心，要求政府绩效管理必须以提高公民的满意度为出发点和落脚点，其评估内容、标准和指标体系设计应从公民的立场出发，以保证绩效管理的内容和侧重点与公民的需求有机衔接。同时在整个绩效管理过程中，要加强政府与公众的互动沟通，及时关注公民的需求情况和公众满意情况，从而进一步改善自身工作。在以公民为中心的政府绩效管理系统中，公民积极参与绩效的全流程管理，承担绩效"问题形成者""参与者""评估者"等多种角色，对于政府绩效的影响更为直接和关键。

（四）政府绩效管理以获取更高的业绩水平为目的

绩效管理不是为了评估而评估，而是为了获取更高的业绩水平。有些公共机构多年来一直在评估业绩，但几乎没有什么影响，有的地方政府甚至把奖惩作为结果利用的唯一形式，搞简单化的荣誉排行榜，甚至实行末位淘汰制，导致相关人员对绩效管理产生抵触情绪。实际上，政府绩效管理的精髓应当是"日新月异"和持续性的努力、改进，政府可以根据评估结果及时总结经验、完善提高，从而达到更高的业绩水平。

（五）政府绩效管理有较高的技术要求

目前，我国地方政府的绩效管理改革主要以绩效评价为切入点，围绕评价指标体系设计、评价的实施过程、评价工作的反馈等内容进行了很多实践探索。但是，必须明确的是，政府绩效管理作为一种值得借鉴推广的管理工具，自身具有较强的技术性。科学的评价指标体系、专业的评估程序设置、客观的评价结论以及独立的评价主体等都反映了政府绩效管理的技术性要求。

（六）政府绩效管理以"市场机制"为依据

通过引入竞争机制，用市场的力量改造政府，以不断提高政府绩效，这是政府绩效管理的重要手段。在实践中，政府绩效管理注重用市场机制来改造政府或用企业家精神重塑政府，在公共设施和服务的提供上采用市场的方法（合同承包、代理、拍卖、招标等）或准市场的方法，并在公共机构以及组织中确立节约成本和提高效益的机制。市场机制的引入，可以使政府体制更灵活，政府运作更加有效率。

第二章 政府执行力与政府绩效管理基本理论阐释

此外,政府绩效管理是一项系统工程,包括绩效计划制定、绩效监控、绩效考核、绩效反馈和绩效结果应用等方面,而不是一个简单的步骤或单一方面。通过梳理发现,有的学者把绩效考核等同于绩效管理,现实实践中也存在着做绩效管理就是做绩效考核表的误区。这种误区使得许多组织开展绩效管理走了样、变了形,既背离了政府绩效管理的初衷,又忽略了目标制定、结果反馈等关键步骤,给绩效管理的实施带来很大麻烦,也使人们对绩效管理的效应产生了怀疑。

政府绩效管理还特别强调沟通的作用,制定绩效目标要沟通,绩效监控要沟通,实施考核要沟通,绩效的有效反馈和利用还需要沟通。总之,沟通贯穿政府绩效管理的始终,实施政府绩效管理的过程就是持续不断加强沟通的过程。绩效管理就是要致力于管理沟通的改善,提高沟通意识,丰富沟通渠道,提高沟通技巧和沟通效能。

二、政府绩效管理的基本理念

20世纪80年代以来,为应对日益严峻的政府财政危机、管理危机和信任危机,英、美等发达国家广泛深入地开展了政府绩效管理。作为一种政府管理的有力工具和手段,客观上要求政府绩效管理树立和践行公众满意、公共服务、公共责任和社会效益的理念。

(一)公众满意理念

公众满意度的概念是从企业经营管理中的顾客满意度借鉴而来的。顾客满意度指顾客对企业提供的产品及服务的感受与顾客自身的期望值进行比较的结果。公众满意度指公众对政府提供服务及公共产品的感受与他们的期望值进行比较的结果。作为一项重要的评价标准,公众满意度是评价政府服务质量和工作水平高低的关键指标。政府树立公众满意理念,就要求把公众满意度作为政府不懈追求的目标,把公众满意不满意、答应不答应作为衡量政府工作好坏的根本标准;要求政府提供公共服务和公共产品,尊重公众的需求,以公众需求为导向。同时政府要自觉接受公众监督,通过建立公众广泛参与绩效管理的体制机制,让公众更好地支持和监督政府的工作。

(二) 公共服务理念

根据社会契约理论，政府是为满足社会的需要和因公众利益的要求而存在的，政府最重要的职能是提供公共服务和公共产品，特别是提供那些通过市场机制无法提供或提供不好的公共服务和公共产品。要建设高绩效政府，政府必须进一步强化"公共服务"的理念，进一步深化自身改革，不断创新工作方式，提高政府的能力和水平。特别是随着全球化的推进，政府必须实现由无限政府向有限政府转变、由管制型政府向服务型政府转变、由人治型政府向法治型政府转变，从而为公众提供优质高效的服务。

(三) 公共责任理念

政府的主要功能在于运用其他社会团体或组织所不具备的强制性公共权威，承担起无可替代的社会责任。同时，现代政府不同于传统政府，不再完全处于消极被动状态，既要承担消极责任，又要承担积极责任，必须充分发挥积极性、主动性，积极主动地承担责任，及时回应社会关切和民众的基本要求。政府绩效管理实质上是对政府承担责任水平和质量情况进行评估，督促政府切实增强责任意识。同时，政府绩效管理与政府问责相互联系、密不可分，一方面，政府绩效管理为政府问责提供基础和前提，准确的绩效管理结果是政府问责的必要依据；另一方面，政府问责也为政府绩效管理提供了制度保障，绩效管理的结果没有被科学地使用，其价值便得不到彰显。

(四) 社会效益理念

效益是政府追求绩效的核心内容，而社会效益主要是指对社会有益影响的大小，给社会带来福利的多少。如果政府管理偏离了国家的意志和人民的要求，违背了国家政策和法律，给社会带来消极的影响，那么谈论效益就毫无意义。管理者在执行工作中要牢固树立效益观念，把追求最大的经济效益和社会效益放在管理工作的重要位置，克服一切忽视效益的管理思想和做法。因此，必须树立效益理念，努力以最小的投入和消耗获取最大的效益，使政府真正成为高绩效政府。同时，政府的管理活动应以提供良好的公共产品和公共服务为目标，以行政效率的"公共性"和方向正确为前提，实现经济效益和社会效益的同步发展，而不能为了经济效益，牺牲了社会公平正义。

三、政府绩效管理的应用实践

西方国家政府绩效管理实践始于20世纪初期，其广泛应用则是新公共管理运动及相应理论研究共同推动的结果。根据其发展的侧重点以及各阶段的主要特征，可以把政府绩效管理实践分为以下三个阶段：

（一）起步探索阶段（20世纪初至20世纪70年代）

在科学管理理论的影响下，这个时期政府绩效管理的核心取向是追求效率，技术和方法不甚成熟，并且适用范围有限，还处在试点起步阶段。20世纪初，一些从事政府绩效管理研究的学术团体试着把绩效管理引入政府实践中，布鲁尔（Bruere）等发起成立了纽约市政研究局（Bureau of Municipal Research）并进行了绩效管理的初步实践，迈出了公共部门绩效管理适用的重要一步。1928年，美国还成立了全国市政标准委员会，逐步开始建立政府服务效率的考核标准，当然，有关的技术和方法还不是十分成熟，许多工作尚需进一步改进。

（二）全面推进阶段（20世纪70年代至80年代末）

在这一阶段，西方主要国家普遍引入市场机制和竞争机制，适用国家越来越多，技术方法日趋成熟，成效也日益显著。这个时期的政府绩效管理有以下几个特征：一是价值取向更加多元化。之前单纯追求效率的价值取向难以适应社会发展，绩效管理开始兼顾经济、效率和效益，从过分关注过程和规则转为对结果和输出的关注。二是应用范围更加广泛。这个时期应用绩效管理的国家越来越多，甚至形成一股世界范围内的旨在提高政府绩效的改革浪潮，有学者也把这个时期称为绩效时代。其间，撒切尔夫人执政后英国政府用私营部门的管理技术和方法对政府传统体制进行改革，推行了"雷纳评审""部长管理信息系统""财务管理新方案"等。1973年，美国尼克松政府颁布了"联邦政府生产率测定方案"，使公共部门绩效管理规范化、系统化。这一时期，澳大利亚、加拿大、荷兰等国家为提

绩效视角下我国政府执行力提升研究

高政府工作质量和效率也相继推进改革,绩效管理的作用得到很大程度的发挥。三是参与主体开始多元化。绩效管理的主体不再局限于政府自身,公民、受益群体以及社会机构相继参与进来,政府评价也更加关注外部环境的反应和公民的满意度。

(三) 依法规范阶段 (20 世纪 90 年代至今)

这一阶段绩效管理的主要特征是更加规范,不少国家注重从立法层面明确绩效管理的地位、体制机制、管理流程和方法技术,价值取向除了关注经济、效率及效益外,还更加注重公众满意度评估,当然评估方法也更加成熟。比如 1993 年,美国国会通过了《政府绩效与结果法案》(GPRA),这是世界上出台的第一部政府绩效管理方面的法律。英国在梅杰执政后发动了"公民宪章"以及"竞争求质量"等声势浩大的运动,承诺提供更加高质量的公共服务,更加关注公众的满意度。此外,在绩效评估方法的选择上,也开始由定向评价转向定性与定量相结合,一些数量模型以及全面质量管理、平衡计分卡、标杆管理得到广泛应用。

不同于西方国家,我国政府绩效管理没有比较成熟的实践经验可以借鉴,绩效管理实践发展主要是加强党的建设和政府行政改革推动的结果。目前,我国各地方政府正积极踊跃地探索属于自己的一套绩效管理方法,形成了较为成熟的绩效管理模式。但由于我国的绩效管理基本处于探索阶段,同时缺乏较为先进的系统理论作为指导,各地实践的力度和效果也非常不平衡。中国行政管理学会在总结我国政府绩效管理现状的调查报告中,将其划分为三种类型,即普适性的政府机关绩效管理,包括目标责任制、社会服务承诺制、效能监察、效能建设、行风评议等;行业性组织绩效管理,包括财务系统、卫生系统以及教育系统设立的绩效管理体系;专项绩效管理,包括教育部门的普通中小学全面实施素质教育评价等[①]。具体来看,我国已出现以下几种绩效管理的实践形式:

---

① 中国行政管理学会联合课题组.关于政府机关工作效率标准的研究报告[J].中国行政管理,2003(3).

1. 民主评议式的绩效管理

20世纪90年代末以及2000年前后，北京、上海、沈阳、南京等地举办了"公民评议政府"活动，并将结果用于政府管理的持续改善。如沈阳市开展的"市民评议政府"活动，2003年北京市开展的市民网上评议政府活动，尽管名称不尽相同，但本质上都是为改善服务质量而建立的民主评议型政府绩效管理制度。民主评议的评估主体大体有三类：一是公民自发地通过信件、电话或网络等途径参与评估；二是评估组织者随机抽取代表，发放调查问卷；三是由社会各界代表组成综合评估主体，一般包括人大代表、政协委员、企业家代表、服务对象和普通群众等。民主评议的内容主要涉及服务质量、办事效率、工作作风等，方法主要是开展"网上评议"和发放调查问卷。民主评议绩效管理制度，开创了我国地方政府"自下而上"绩效管理的先河，是对我国传统"自上而下"评估模式的有益补充，具有重要的现实与理论研究意义。

2. 以目标管理责任制为内容的绩效管理

该种模式就是把目标管理责任制与绩效管理结合起来，把总目标分解成具体的目标并落实到各个具体的单位，一般包括确立总体目标、分解组织目标、设定单个岗位目标、定期检查目标进度、考核完成目标情况等环节。这一考核制度旨在将各项决策和工作任务转化为目标责任体系，用目标引导行动，用抓督查推进目标的落实。在这方面，笔者认为青岛市的"科学民主的目标化决策机制、督查考核的制度化监督机制、责任制衡的刚性化执行机制、奖惩兑现的导向化激励机制"①，应当说是目标管理责任制政府绩效管理制度的典范。

3. 以效能监察为主要内容的绩效管理

效能监察主要是对指定的具体的单位或部门的工作效率、办事能力和行为是否规范等情况进行监察。它实际上是纪检监察机关及受纪检监察机关委托的组织，有计划、有目的地对行政管理的效率、效能以及国有企业生产经营管理的质量、效果等情况开展的监察监督活动。其特殊之处在于

---

① 蓝志勇，胡税根. 中国政府绩效评估：理论与实践［J］. 政治学研究，2008（3）.

效能监察更侧重于查找履职和管理中存在的问题，手段主要有立项检查、立案调查、受理投诉等，其结果的利用方面也主要是对有关组织和个人进行诫勉谈话、调整岗位、免职以及移送司法机关等，体现纪检监察机关作为行为主体的特征。如重庆市在行政机关中开展了行政效能监察工作，江苏省苏州市、扬州市等地相继颁发了开展效能监察的文件和工作细则。作为对行政机关履职和管理活动的效率、效果等的考察评价，效能监察可以说是政府绩效管理的一种特殊形式。

4. 以社会服务承诺制为主要内容的绩效管理

社会服务承诺制度，就是承担社会服务职能的组织，按行业要求把服务内容、标准、程序、时限、责任、结果、质量等向社会公开做出承诺，并接受公众监督。社会服务承诺制是由承诺、社会监督、应诺（违诺处罚）等环节组成的有机整体，其根本目的就是提高服务质量和水平，使老百姓得到利益和实惠，把监督权交给群众。1994 年 6 月，山东省烟台市建委率先在烟台市建委系统实施社会服务承诺制，随后，社会服务承诺制度在全国范围和多种行业普遍推行，获得了较好的效果。

5. 职能部门开展的绩效管理

此种模式主要是中央和国家机关结合自身系统特点为提高工作效率、质量而开展的绩效管理，如审计部门进行的管理审计、效益审计，人事部门对国家公务员考核的量化评估等。又如，我国财政部探索建立公共支出绩效考评制度，具体包含目标考评、支出考评、绩效与业务考评、资源配置与资源利用效率的考评以及实施与管理方面的考评。其中，支出（财务）方面的考评包括预算规模和结构的合理性、实际支出及其与预算支出的一致性、实际支出的合理性、财务管理的规范性等；资源配置与资源利用效率的考评，包括公共资源分配布局的合理性、资金使用的经济合理性、各种资源投入与产出的比较等。

6. 引入通用模型的绩效管理

国家行政学院在研究欧盟成员国使用的通用绩效管理模型的基础上，结合我国国情，构建了中国通用绩效管理框架（CAF）。CAF 模型包括了促进和结果两大要素，共九大标准，其中领导力、人力资源管理、战略与规划、伙伴关系和资源、流程与变革管理属于促进要素；员工结果、顾客/公民结果、社会结果和关键绩效结果属于结果要素。九大指标下又包括 27 个次级指标。中国人事科学院"中国政府绩效评估研究"课题组提出了一套适用于中国地方政府的绩效评估指标体系。该体系共分三层，由职能指标、影响指标、潜力指标 3 个一级指标和 11 个二级指标以及 33 个三级指标构成，希望全面系统地评估中国地方各级政府，特别是市县级政府的绩效和业绩状况。

另外，还有不少政府部门运用企业和国外政府绩效管理的理论和方法，如全面质量管理、平衡计分卡、标杆管理等，摸索出各具特色的绩效管理模式。比如，南京市地税局将平衡计分卡理论引入绩效管理中，取得了明显的成效。我国有的地方政府尝试"与政务督查相结合的绩效管理"制度，比如四川省成都市成立了目标管理督查办公室（简称"目督办"），将绩效管理与督查工作紧密结合。有的地方还尝试"由第三方专业评估机构开展的绩效管理制度"，比如甘肃省和北京市某区做了相关的探索和尝试，取得了一定的成效。国务院在有的督查活动中也采用了第三方评估的方式，取得了较好的效果。

总之，我国政府绩效管理正处于探索上升期，许多地方对绩效管理寄予厚望，陆续出台的绩效措施、绩效模式等也各具特色，其实施效果体现出较大的地区和部门差异。但与西方国家政府绩效管理的法制化、制度化、规范化相比，我国的政府绩效管理有关理论尚需进一步完善，一些认识尚待进一步统一，各种制度、工具、措施等有待进一步整合，特别是在政府绩效管理的制度化和以公民为导向的目标管理、战略管理等理论工具的有效运用、绩效结果的反馈运用等方面，都还存在着一定的差距，有待进一步提升。

第三章 政府执行力建设与政府绩效管理的互动与契合

第一节 政府执行力建设与政府绩效管理的互动分析

一、政府执行力建设对政府绩效管理的影响

（一）政府执行力建设有利于提升政府绩效管理的水平

政府执行力建设对于政府绩效管理水平的提升主要体现在激发公众参与绩效管理的积极性、拓展政府绩效评估标准的内涵、调适政府绩效评估指标等方面。

（1）激发公众参与绩效管理的积极性。如前文所述，政府执行的结果如何和政府执行力的高低强弱并不完全取决于执行主体自身的能力和水平，在一定程度上要受制于执行客体，以及执行主体与执行客体之间的契合程度。如果执行主体能够尊重并满足客体的意愿要求，其任务目标就有可能被理解、接受和拥护，执行力就高；否则，即使再美好的目标，实施起来也会有难度。为提高政府执行力水平，政府要与公众及时沟通，争取公众对政府的支持，及时回应公民的诉求，同时本着公开、公平、公正的原则执行公务。同时，在政府执行力建设的过程中，随着政府执行力水平

的不断提升,民众的需求和愿望不断得以实现,他们对政府的信心也会与日俱增,日益感觉到政府具有强烈的责任感,受此激励,更多的社会主体会愿意参与到政府绩效管理活动中来。

(2)拓展政府绩效评估标准的内涵。政府绩效评估标准更多地集中在经济成本标准、质量标准、效率标准等方面。政府执行力应该是价值理性与工具理性的统一体,不仅要解决"如何提高"的效率问题,也要解决"为何提高""为谁提高"的公共性问题。政府执行力的建设将公众对政府的满意度、执行效度等内涵融入到绩效评估标准中,更能体现政府绩效管理的民本价值和公众满意取向。

(3)调适政府绩效评估指标。政府职能是进行绩效评估指标设计的重要依据。在以经济职能为主要职能的政府管理中,政府绩效评估指标往往以 GDP 为主要内容,以促进经济更快发展为主要目的,但却忽视了维护社会良性发展、促进公平正义等其他社会职能,也导致了片面追求经济增长的问题,存在着重经济绩效评估、轻非经济绩效评估,重上级领导评估、轻社会公众评估,重数量指标评估、轻人民满意评估等结构性偏失现象,以致出现经济效率至上、忽视民主与社会公平的价值扭曲。提升政府执行力的一项重要内容就是要进一步转变政府职能,突出服务重点,并着重从管制型向服务型、责任型转变,为公众提供更多的公共服务和公共产品。与此相对应,政府绩效评估指标的设计也要逐步体现政府职能的转变,突出绩效评估的公共服务和公共责任性,切实增强绩效管理的科学性、可行性、有效性。因此,政府执行力的建设对于绩效评估指标设计有调适功能。

(4)不断丰富政府绩效管理的资源。如前文所述,政府绩效管理是由许多环节、因素组成的系统,仅实施程序就包括制定绩效计划、实施绩效监控、开展绩效评估和进行绩效反馈等多个环节,同时还有较高的技术要求,这就决定了大力推进政府绩效管理就需要掌握和有效利用方方面面的资源,既要有领导的高度重视和权威性支持,也要有高素质人才的配置,既要有财政、物资设备的支持,也要有数据信息的支撑,等等。现实中,不少地方政府或部门仅将绩效管理作为一个项目,或是"形象工程"来推动,很难满足绩效管理各方面的资源需求,其实施效果也是可想而知的。政府执行力是政府工作的生命力,也是维系政府机构生存的决定性因素,其重要性决定了为提高政府执行力,各级政府或部门必须掌握大量丰富的资源。所以,将政府绩效管理融入政府执行力建设系统或者作为政府执行力建设的重要组成部分,其自身就可以调用或分享执行力建设的丰富资源,并进而实现自我完善和优化,其实施效果也是显而易见的。

(二)政府执行力建设为政府绩效管理的顺利开展提供了良好环境

绩效管理不是一蹴而就的,而是一项系统工程,包括绩效计划制定、绩效监控、绩效评估、绩效反馈和绩效结果应用等方面。换言之,政府绩效管理是一个持续的、周期性的行为过程。一次评估活动的完成,并不意味着评估工作的完全终结,而是新一轮评估活动的起点。但在我国政府绩效管理的推进过程中,有一些地方领导受"运动式"的惯性思维影响,再加上追求政绩、追求轰动效应的思想冲动,往往采取"运动式"的方法搞政府绩效管理,背离了绩效管理的本意;有的领导甚至将政府绩效管理作为形象工程,让干部和群众产生错觉,认为搞绩效管理也就是做做样子,今年搞了,明年就不搞了,从而对政府绩效管理的持续开展产生极为不利的影响。但政府执行力建设是政府自身建设和发展的永恒主题,也是一个不间断运行的动态过程,并且政府执行力建设取得的成效常常要直接或间接地通过政府绩效评估来体现或实现。将政府绩效管理嵌入政府执行力建设的始终、纳入政府的常态化管理,有利于政府绩效管理获得永恒的载体和生命。同时,社会在不断地发展和进步,针对政府执行力的建设状况也要进一步完善绩效标准,促进政府绩效管理的持续改善,从而实现两者的良性互动,推动政府执行力建设的战略性发展。

(三)我国政府执行力建设是政府绩效管理应用的重要平台

虽然我国的政府绩效管理活动近年来稳步展开,各地及有关部门的实践探索也摸索出了一些经验,取得了一些成绩,但是,由于政府管理本身的复杂性以及我国特殊的国情,政府绩效管理总体上还是处于一种急需推广而尚未全面发力的状态,社会对绩效管理的认识还需进一步提高,应用的载体及手段尚需进一步丰富,应用的技术水平尚需进一步提高。而我国政府执行力建设为绩效管理的应用提供了重要平台，有利于绩效管理在中国的实践中进一步得到丰富和完善，并为进一步拓展应用空间打下坚实基础。

二、政府绩效管理对政府执行力建设的作用

（一）政府绩效管理是提高政府执行力的战略路径

以绩效管理来推进政府管理理念、体制、机制和方式方法的创新，将有利于政府不断提升管理能力、提高行政效率，可以说，政府绩效管理是有效推进政府执行力建设的一种战略管理工具。具体来讲有以下三点：

（1）政府绩效管理是提升政府执行力的基础工程。在政府管理过程中，要提升政府执行力，必须要确立一个信息反馈和持续改进机制，而绩效管理即具有此方面的功用。通过实施绩效管理，及时开展绩效监控和绩效评估，有利于人们比较全面客观地把握一段时期内政府管理过程中的相关情况，既可以掌握政府内部人员的履职情况、执行机制的运转情况，也可以了解任务完成情况、民众感受情况，从而对政府工作做出基本的评价，并在此基础上，进一步明确执行力建设改进的方向和着力点。

（2）政府绩效管理是有效规范和约束政府执行行为的重要措施。通过绩效管理，既可以进行纵向对比，发现执行状况与执行目标是否一致，或者说是否实现了预定目标，并进而观察分析不同执行阶段的差距情况，也可以开展横向比较，分析部门之间的绩效管理情况，进而发现诸多执行差异的问题，特别是把干得最好和最差的挑出来，表扬先进、鞭策后进，给执行主体带来动力和压力。最关键的是，绩效管理结果是奖优罚劣、奖勤罚懒的重要依据，"组织绩效评估提供组织绩效方面的信息，鼓励和促进单位之间竞争，有助于公众的监督，还可以诊断组织中的问题并提出针对性的改进措施，从而推动效率和服务质量的提高"[①]。由此可见，政府绩效管理是有效规范和约束政府执行行为的重要措施。

（3）政府绩效管理有助于适时调整执行目标。政府绩效管理的一个重

---

① 周志忍. 公共性与行政效率研究［J］. 中国行政管理，2000（4）.

要作用就是不断地发现问题、找出差距,进而结合实际不断地调整执行目标,从而保障政府战略部署目标的实现。例如,绩效管理的过程就像是不断为政府"号脉诊断"的过程,通过开展绩效评估,能及时发现执行主体、执行客体、执行资源、执行制度方面存在的缺漏,以便采取措施,适时调整。比如,发现干部队伍存在素质低和技能弱的问题,就可以加强教育和培训;发现执行客体态度不配合,可以多做些说服或教育工作,进一步统一认识;发现执行的财力或物资短缺,就可以进一步加强财力或物资保障;发现执行体制运转不协调,可以在完善体制上多动些脑筋;发现外在行政环境对政府执行力的制约力度较大,就可以在改善外部环境上下功夫,进一步调整执行工作的思路。总之,绩效管理能够随时关注政府执行的具体效果、发现存在的问题,并根据形势的变化及时调整措施,迅速调控资源,从而保障政府执行的正确方向。

(二) 政府绩效管理对政府执行力建设起引导作用

政府绩效管理是强有力的指挥棒,它对我国政府执行力建设在以下三个方面起到引导作用:

(1) 在理念方面,政府绩效管理蕴含着丰富的管理思想,比如效率取向、公共责任、公共服务、顾客导向、结果为本等,这些新思想注入执行力建设中,有助于更新执行力建设的理念,调整执行力建设的方向,可以促进我国政府执行力建设追求更高的业绩水平、更加重视实干精神、更加注重提高公共服务的质量等,并且执行力的效果也可以通过绩效标准的检验来加以判断和衡量。比如,绩效管理通过引入竞争机制,用市场的力量改造政府,同时,注重用企业家精神重塑政府,并在公共机构以及组织中确立节约成本和提高效益的机制。这些新的思想或手段引入政府执行力建设当中,可以使政府执行的手段更加丰富和便捷,执行体制更加灵活,同时执行效率也更高。

(2) 在组织层面,通过政府绩效管理,从近期来看,可以对政府管理中投入、产出及有关效率、效果进行正确的评价,进而调整发展战略与策略,完善人力、物力和财力的配置结构;从长远来看,为了进一步提高公众对政府及其所提供的公共产品的认可度和满意度,政府也需不断完善自身的体制机制，进一步转变政府职能，不断提高工作效率，降低运行成本，努力促进政府执行力的提升。而政府绩效管理以"管理主义"为基本精神，并致力于寻求一种新的治理模式和管理机制，使政府能够更好地配置社会资源[①]，并主张有节制地履行职责，理顺政府与社会、政府与企业等各方面的关系，把政府不该管的以及管不好的事务移交给社会组织，集中精力抓好宏观调控、市场监管和公共服务工作，这将有利于政府进一步明确执行的方向，有效合理配置执行资源，提高执行的社会效益，正如戴维·奥斯本等在《改革政府》中所说，"如果我们在做一件不该做的事情上工作效率很高，那是最愚蠢不过了"[②]。

（3）在具体操作方面，政府绩效管理是一个具体的、可操作的管理工具，可通过其工具性作用，以一种衡量标准或采取其他措施将政府执行力体现出来，具体来讲，可以将政府的执行态度、执行协调度、执行速度、执行能力以及公众对政府的信任度、满意度通过绩效评估主体体系的构建、评估指标的完善、评估的实施以及评估结果的运用等体现出来，并与提高政府执行力紧密相连。当前，一些专家学者开始对政府执行力进行测评并设计了指标体系，比如有学者采用"执行刚度""执行力度""执行高度""执行速度"和"执行效度"五个指标来测评政府执行力；也有学者借鉴管理过程理论，从计划确定力、组织运行力、资源整合力、领导影响力、控制实施力五个维度来设计指标评价体系，从而对执行力的状况进行合理评估，帮助地方政府或有关职能部门进一步查摆问题，提高整体绩效水平。

政府绩效管理要求加强政府与社会公众的沟通与互动，通过向公众展示政府执行力建设各项指标的运行状况，进一步加强公众对政府活动的监督。若政府绩效不提高，公众对政府的认同感和支持率就会下降，久而久之就会危及政府的合法性基础。一个没有高绩效的政府将得不到公众的支

---

① 刘绛华. 西方最新政府改革理论对我国公共部门改革的启示 [J]. 求实，2004（12）.
② 戴维·奥斯本，特德·盖布勒. 改革政府——企业精神如何改革着公营部门 [M]. 上海：译文出版社，1996.

第三章　政府执行力建设与政府绩效管理的互动与契合

持和拥护，可能无法做到"令行禁止"；同时，政府绩效与政府的号召力、凝聚力和影响力密切相关，一个没有高绩效的政府肯定不具备号召力、凝聚力和影响力。因此，政府绩效与政府执行力之间是一种正相关关系，政府绩效高则政府执行力高，政府绩效低则政府执行力低，所以提高政府绩效将提高公众对政府的满意度，夯实政府执行力建设的合法性基础，并推动政府号召力、凝聚力和影响力的提升。

第二节　政府执行力建设与政府绩效管理的契合展现

作为一种重要的政府管理工具，政府绩效管理是提高政府服务质量的有效手段和方式，也是政府创新管理体制的重要探索。政府执行力建设也是加强党的执政能力建设的重要途径，是建设责任、法治、服务型政府的必然要求，是实现行为规范、运转协调、公正透明、廉洁高效的政府管理体制的具体体现。政府绩效管理和政府执行力建设存在着理论渊源和价值取向上的契合，而这种契合为从绩效视角探讨我国政府执行力建设奠定了理论基础。

一、两者都突出服务

服务型政府建设具有丰富的内涵，它是对政府行政理念、行政体制、行政流程、行政文化等方面的全面重塑。建设服务型政府要求树立服务意识，把为社会、为公民服务作为政府存在、运行和发展的基本目标，并落实到政府工作的每一个细节，切实实现好、维护好、发展好人民群众的根本利益。从服务型政府的理论逻辑来看，政府绩效管理与政府执行力建设是高度契合的，二者相互促进、辩证统一于服务型政府建设的全过程。一方面，政府执行力建设的重要属性是公共性，政府所执行的任务必须是代表人民公意的政策和决定,政府执行的总体要求是坚持"情为民所系、利为民所谋、权为民所用",应该照顾到社会民众的普遍利益,为社会公众谋福利。加强政府执行力建设需要转变官本位的思想,积极回应公民的诉求,积极提供人民需要的公共产品和公共服务。同时,还要树立有限政府的观念,因为现代政府的权力不是无限大的,而是有限度的,这种权力范围的最大边界是以不损害公民合法权益为基本限度。按照新公共管理的观点,政府不是"划桨者",而是"掌舵者",所以应减少政府对社会不必要的管制、控制,对于一些领域特别是经济领域的一些管制该退出的必须退出、不该管的坚决不管,逐步凸显公共服务职能。

另一方面,政府绩效管理坚持公众利益至上的核心理念,政府与公民的关系应由管理者与被管理者的关系转变为公共服务的提供者和顾客的关系,以顾客的满意作为最大的价值选择。同时,政府绩效管理是以结果为本的、为获得更高绩效水平而采用的一种工具和手段,通过绩效管理获得评估结果,并根据结果进一步发现问题,找出差距,及时予以调适、修正,从而进一步提高政府管理的效率,提高公共服务的质量,达到建设服务型政府的目标要求。

二、两者都注重政府诚信

诚信政府要求政府必须履行其对公众承诺的责任,其在价值理念、行为方式和制度安排等方面都能符合政府诚信伦理规则要求。政府的公信力,是政府通过自身行为获取社会公众信任、拥护和支持的能力。社会公众常常通过政府是否负责任(如政府是否言而有信等)、是否以民为本提供服务(如是否提供高效的服务等)、是否是透明的政府(如政府的行政法规等规范性文件及有关工作情况等信息是否公开并便于公众查询等)[①]方面来判断政府的诚信度。由历史经验可知,政府执行力和公信力是政府生命力的重要载体和基本保障,是一个问题的两个方面,如果政府的执行力

---

① 政府公信力是政府执行力的前提 [EB/OL]. http://www.71.cn/2014/0709/774567_2.shtml.

不强，工作决策和部署落不到实处，就不可能有工作实绩，政府所谓的"言而有信"也就是一句空话；若政府的公信力低下，就容易失去诚信，很难得到人民群众的支持和拥护，政府推行各项决策部署也将会遇到更多的阻力。政府公信力和政府执行力相辅相成、相互制约。一般而言，公信力弱的政府，很难取得人民群众的足够信任，就会有令难行、执行受阻，不可能有很强的执行力；而执行力弱的政府，往往由于制定的战略部署和政策措施难以落实到位，使公众对政府丧失信心，公信力也不可能很高。

政府绩效管理作为一种重要的政府管理工具，有效运用则可以促进诚信政府的建设。首先，政府绩效管理通过设计明确的绩效指标可以增强政府部门兑现其承诺的动力。没有明确的绩效指标和考核内容，执行组织及执行人员对完成执行任务缺乏目标指引和工作压力，同时对执行组织及执行人员问责的依据也会不清晰甚至混淆，那么其就可以通过打擦边球或以目标不清晰等理由相互"踢球"、推卸责任，兑现其承诺的动力也就大打折扣。其次，政府绩效管理通过向公众展现绩效水平，有助于公众了解政府管理现状，便于公民参与政府的有关决策或管理，进而强化政府和公众之间的双向互动，提高公众对政府的信任程度，促进诚信政府建设。综上所述，政府诚信是政府执行力建设的重要基础和保障，建设诚信政府也是对政府执行力建设的有力促进。政府绩效管理和执行力建设在诚信政府目标引导下相互促进、相辅相成。

三、两者都追求政府效能

行政效率是指执行主体执行任务的产出同所消耗的人力、物力、财力等要素之间的比率关系。19世纪末，美国学者威尔逊在其文《行政学研究》中认为公共行政研究的目标"首先在于发现政府能恰当成功地做些什么，其次在于发现政府如何以最少的资金和精力为代价，并以最大可能的效率来做这些恰当的事"，揭示了行政效率对于公共行政的重要意义。如前文所述，效率性是政府执行力的首要特性，政府执行力建设首先关注的应该是效能建设，也就是牢固树立"成本"和"效率"的概念，克服和消除束缚执行力提升的因素,实现政府功能的发挥与行政目标的配置相统一,行政管理的各个要素、环节在管理活动中相互配合与科学衔接,以真正提升执行的能力和效率。同时,效能建设与政府绩效管理密切相关。通过查阅资料笔者注意到,西方学者主要将政府机关效能建设表述为政府绩效管理。关于绩效管理的研究可以追溯到20世纪初期,泰勒在《科学管理原理》中引入绩效的概念。特别是在20世纪80年代,伴随着以新公共管理为主题的政府管理创新的展开,绩效管理方面的研究也取得了长足发展。所以,效能建设与绩效管理密不可分,有的甚至可以相互代替。政府绩效管理就是要求政府执行组织和执行人员牢固树立成本意识、效率意识,力求用尽量少的成本提供尽可能多的高质量服务,并在此基础上进一步优化资源配置,持续提高政府的工作质量和水平。综上所述,效能建设是政府执行力建设的重要内容,同时也是政府绩效管理应有之义。政府执行力建设与政府绩效管理在效能建设的共同目标下相互促进。

四、两者都强调政府责任

"责任性是一个有关权力的问题,即人民不仅在官方决策过程中享有发言权,而且有权力使统治者对他们的所作所为负起责任来。他们可以要求官员们就有关决策和行动的问题做出回答。他们能够制裁没有负起责任的公共官员或公共机构"[1],这也就是说政府承担责任,不仅意味着政府行使的每一项权力背后都连带着一份责任,更意味着违法必然承担法律责任,这样才能保证政府的服务质量和服务数量不打折扣。而彰显责任政府的价值意义,一方面要凸显人民当家做主,另一方面也要强化政府的责任,要由无限权力政府向有限权力政府转变,从片面强调公民责任向强化政府责任转变。从政府主体的角度讲,政府执行力也是一种对群众的凝聚力、感召力和影响力。一个具有良好执行力的政府也必然是一个责任政

---

[1] 联合国开发计划署. 2002年人类发展报告:在碎裂的世界中深化民主[M].北京:中国财政经济出版社,2002.

第三章 政府执行力建设与政府绩效管理的互动与契合

府。如果政府的政策朝令夕改，时常出现违约、不尽责等行为，将降低政府本身的执行力。因此政府执行力建设首要强调责任理念，要求政府勇于承担责任，使政府工作人员认识到自己手中的权力来自公众，其职责就是要满足公众对公共物品和公共服务的需求，促进公共利益最大化，而不是通过"政府权力部门化、部门权力利益化、获利途径审批化、审批方式复杂化"来一味谋求自身利益①。同时，政府绩效管理是一种以结果为导向的管理，它评估政府落实职责、履行职责的情况，以促使政府更加忠实、有效地履行职责，为公众提供更好的公共服务，并进而揭示政府到底做了什么事、事情做得怎么样，从而反思和明确政府下一步应该怎么做、怎样才能做得更好，以增强政府工作的责任感、使命感和紧迫感。因此，绩效管理与行政问责也是相辅相成、相互促进的关系，绩效评估为政府问责提供依据，政府问责促进政府提高绩效。绩效管理和政府执行力建设都强调责任理念，责任取向也一直是政府绩效管理和执行力建设的价值取向。

五、两者都着力维护政府与社会之间良性互动

交易成本理论认为，政府执行实际是一个政治上讨价还价的过程，在这个过程中，执行者和公众之间相互作用，最终达成某种默契。同时，在政府执行工作中，执行组织或执行个人以及公众本身都带有经济人的属性，有着自己的经济衡量，执行组织或执行个人的利益诉求使其在政策制定和执行中谋求自身利益的最大化，公众也将随时根据政府政策来调整自己的策略，与政府展开博弈。但在这场博弈中，公众只有认为政府是值得信任的政府，能忠诚地代表他们的利益开展工作，才会在义务与权利相对平衡的前提下积极主动地与政府合作，否则公众将会怀疑政府的公信力，并进而采取不合作的策略来维护自身利益。所以，为保证执行活动的顺利进行，执行部门必须与公众进行有效的沟通协调，保持执行主体与目标团

---

① 彭国甫. 政府绩效评估问责功能的形成机理与实现途径 [J]. 湘潭大学学报（哲学社会科学版），2009（1）.

体之间的互动,要让目标团体认识到执行任务的完成是对他们合法权益的确认、巩固或扩大。执行部门只有与目标团体之间进行有效的沟通协调、紧密配合,才能为政策执行创造良好的条件,从而缩短执行过程,提高执行效率和质量。

同时,政府与社会间的良性互动也是高绩效政府追求的目标和内在要求。政府绩效管理机制的构建与完善必须面向社会大众,接受他们的监督、评判,并把公众满意度作为一个重要的评价标准和尺度。在政府绩效管理的过程中,政府为提高管理绩效所做的不懈努力以及所取得的业绩会得到充分展示,当然政府自身存在的问题和弊端也会被暴露出来,从而促进政府正视问题、解决问题,进一步提升政府的形象、重振公众的信心。这表明政府绩效管理机制已成为促进政府与社会公众之间良性互动的推动器,成为提高政府权威的重要环节。可见,政府绩效管理和政府执行力建设都要维护政府与社会之间的互动,提高公众满意度是其不懈追求的目标。

第四章 我国政府执行力建设的衡量标准和现实困境

第一节 我国政府执行力的衡量标准

在实际工作中,执行力作为"抓落实"能力,其实现的效果要受执行主体、执行客体、执行资源等因素的影响,可以通过一些能够测量的标准来衡量政府在执行政策或决策时执行力的强弱。一般来说,从以下几个维度进行衡量:

一是执行态度。执行态度是指执行组织或执行人员对待工作任务的决心、态度以及在执行过程中所表现出来的精神面貌等。执行主体的态度是完成工作任务的内在决定性力量,关系着执行任务的成败。首先,执行人员的执行态度决定着执行的方向。执行态度不端正,各项工作部署都会走样变形或者落实不下去,执行就会偏离原有目标,即使执行人员的能力再强,执行制度再完善,物资准备以及其他可调动的资源再充分,也不可能有效地完成执行任务。其次,执行人员的态度关系着执行力水平的高低。如果执行主体对所执行的法律法规、政策或决策的态度是认可或支持的,同时能够以高度的热情和高度负责的态度投入到执行工作中,在其他条件相同的情况下,该执行主体一般会表现出更高的执行力水平。反之,如果执行主体不接受或者被动接受甚至是反感、抵触执行任务,或者在执行过程中敷衍应付,甚至以执行为名中饱私囊、从中渔利,其执行力水平必然不高。因此，执行态度应当是判断政府执行力水平的一个基础性指标。

二是执行力度。执行力度是指执行主体在完成任务过程中投入的人力、物力等以及各种力量的发挥程度。其大小取决于：第一，执行主体的能力。人的因素是执行任务顺利完成的主导和关键因素，在同等情况下，能力越强的执行主体，其调动各方面资源的力度就越大，所释放的能量就越强，执行力水平就越高。第二，力量的投入程度，指执行主体在某项政策的执行过程中投入多大力量，比如投入的人力、物力、财力等。一般而言，投入的力量越强，比如多投入精兵强将、优良设备，或全力进行资金的保障，执行力度就越大，反之就越小。第三，执行目标的清晰细化程度。执行目标的清晰、明确有利于执行主体有的放矢、有重点地开展各项工作，从而比较顺利地达到目标。一般来说，为确保整体目标的实现，需要对任务进行细化、分解，落实到人，并明确完成时限，最好是执行主体对要完成的任务一目了然、清晰明确。因为只有执行人员对要完成的工作目标认识清晰，时限明确，并能够按质按量完成各自的任务，才能保证各个分目标的实现，最后才能保证总目标的最终实现；反之，如果执行人员对目标认识不清晰，各项行动缺乏指向性或针对性，必然会打乱仗，各执行力量就会分散，最终导致整体执行力偏低。第四，执行策略是否合理。一般而言，如果策略得当、方法正确、手段丰富，善于谋划布局，善抓重点、要点，就可以产生事半功倍的效果；反之，如果策略不当、方法错误、手段单一，或者重点不突出，就会事倍功半，则执行力必然不高。以上四者构成一个相互紧密联系的整体或系统，并不是相互独立的，只有各个因素相互作用、相互配合才能产生好的效果，若片面强调某一要素，便难以形成较强的执行力。

三是执行速度。不同的决策部署或有关政策要真正体现出效果，需要的时间往往长短不一，发挥作用的最佳时间点也不相同，但能否在预期时间内完成工作任务并彰显出执行成效，也说明或体现着政府执行力的强弱。因此，观察或审视在规定时期内决策部署或政策的落实状况，可以分析判断或检验出政府的执行速度，进而掌握政府的执行力状况。一般而言，在最佳时间范围内完成工作任务，就会成效明显；反之，超出规定时

第四章 我国政府执行力建设的衡量标准和现实困境

间范围的执行，会导致决策部署或政策执行的低效、无效甚至是负效。例如，针对当前经济工作的形势和目标任务，中央经济工作会议提出了一些重大决策部署，执行者应当根据各项任务的完成时限抓紧做好各项工作。当然，也不是时间越短越好，各项任务的完成也有其最佳的执行时机，如果能够在最佳时机内按质按量地顺利完成执行任务，则执行速度较快，就可能表现为较高的执行力水平；反之，如果执行拖拉，进展缓慢，迟迟不能完成执行任务，则为执行速度过慢，执行力水平低下。

四是执行效度。效度是指测量的有效性，执行效度主要指有关决策部署或政策执行以后实际达到的解决问题的程度，也就是决策或政策的落实程度。因为任何决策部署或政策的出台，都有其指向性，在其后都有着一些背景问题，如果执行主体能够解决当前正在发生或即将发生的问题，就能体现出较好的执行效度。笔者认为，执行力的效度可以从两个方面加以考察：其一是指任务目标的完成程度，即在多大程度上完成了执行任务。如果执行主体能够按照原定的执行要求，抓住重点，合理摆布，快速有效地解决问题，可以认为其任务完成的有效程度较高，其执行力水平也必然较高；反之，如果执行偏离了原定方向，达不到解决问题的效果，可以认为其执行效度不高。其二是指执行的效果，即执行任务所创造的社会效益度。执行任务的社会效益度具体体现在执行成本和执行效益上。如果执行主体只耗费较少的成本，而所创造的社会效益较好，各方面都反响或评价较好，则为较高的执行效度，表现为强执行力；如果执行主体耗费了较大的执行成本，或是造成了执行资源的浪费，而收益水平仍然很低，各方面评价比较低或反响不好，则为低执行效度，表现为弱执行力。值得一提的是，政府执行的效益度，不能只算经济账，还要算政治账，算整体效益的账，要考虑达到最优效果。比如，为了完成经济增长指标，盲目地建设一些破坏自然环境的项目，其结果是虽然经济效益有了，但涸泽而渔，自然生态资源破坏了，长期发展的基础丧失了，最后也不会有好的效果，甚至会引发其他严重的社会问题。

五是执行难度。一般而言，不同的决策部署或政策内容不同，任务要求也不相同，所体现的执行难度就不相同。此外，即使是相同决策部署或

· 61 ·

政策，受执行环境、执行条件的限制，其执行难度也表现不一。如果执行环境适宜，如领导高度重视、下属积极配合、各方协调比较顺畅等，执行工作就能够顺利推进，则执行效果就更好；反之，就会给执行工作带来困难和阻挠，执行效果就有可能大打折扣。当然，也会出现另外一种情况，即原本执行力相对较弱的执行主体可能由于其所执行的任务难度低或者外部环境便利的原因，而体现出较好的执行效果，原本执行力很强的执行主体也有可能因为任务难度较大或者外部环境恶劣而导致执行效果不理想。所以，为了能够更为准确地评价政府的执行力问题，还要考虑执行工作的难度所在，不能简单而论，片面做出决定。需要说明的是，工作的执行难度或外部环境、条件等并不是政府执行力的内生变量，而只是外生变量，也就是说工作执行难度以及环境、条件等并不决定执行主体本身执行力的强弱，而只影响执行主体执行能力的发挥，但在评价政府执行力强弱的时候，要予以充分考虑。

第二节　我国政府执行力建设的现状分析

一、我国政府执行力建设取得的成就

改革开放以来，我国政府采取了多项措施来提升政府执行力，比如推进行政管理体制改革、优化工作流程，按照《中华人民共和国行政许可法》的要求压缩审批项目、规范审批程序，推行电子政务、提高办事效率，加强督查督办、加大落实力度等，这些都取得了显著成效。再如，在对四川汶川强震以及世界金融危机的应对处理工作中，政府的迅速反应、妥善安排以及后续工作均取得明显成效，政府在公共危机管理过程中的决策与执行能力不断提升。可以说，我国政府执行力建设在现阶段取得了显著成就。

(一) 积极推进行政审批制度改革

从1995年开始,我国政府积极探索行政审批制度的改革,取消了一批行政审批项目,并积累了一定的经验。2003年全国人民代表大会常务委员会通过了《中华人民共和国行政许可法》,将审批制度改革进一步纳入法治轨道。当前,国务院从改革创新制度入手,以精简前置审批,规范中介服务,实行更加便捷、透明的投资项目核准为重点,把简政放权、放管结合向纵深推进,有利于根治"审批依赖症",堵住利益输送"暗道",从而转变政府职能,营造鼓励大众创业、万众创新的良好环境。国务院总理李克强在2014年11月5日召开的国务院常务会议上,决定削减前置审批、推行投资项目网上核准、简化办事程序,释放投资潜力与发展活力,凸显审批的服务指向,力求建立一种以顾客为导向并且行动迅速、办事高效灵活的"无缝隙政府"。

(二) 政府在公共危机管理过程中的科学决策与执行能力不断提高

从应对处理"非典",到"2008年雪灾",再到"5·12汶川大地震"、国际金融危机,我国政府在公共危机事件处理过程中不断总结经验教训,逐步探索公共危机管理应急机制,决策及执行能力不断提高。一是政府工作的透明度不断提高,满足了公众的知情权,危机发生时,建立起公开、顺畅、权威的沟通渠道,让公众第一时间知道事情的真相。二是快速反应、及时处理,政府及时发挥宏观协调、整合资源的权威作用,出面协调、组织全社会的人力、物力、财力,力争在最短时间内达到社会资源的最大整合,凝聚起应对危机的强大正能量,这在政府危机处理中是最为关键和重要的。此外,还尽量做好善后沟通工作,将危机影响控制在最小范围。快速决策和迅速有力的执行能力大大提升了政府形象,同时也彰显了我国党和政府集中力量办大事的体制和政治优势。

(三) 推进政府体制改革从多方面促进了政府执行力的提升

我国政府体制改革在党和政府的领导下平稳有序推进,取得了明显的成就,主要表现在:政府机构得到精简,部门间职能重叠现象得到一定缓解,提高了部门行政效率,政府决策逐渐公开化、民主化、科学化,政府执行行为日益法制化、规范化。特别是2013年推进的大部制改革,其核心是"转变政府职能","通过政府内部权力的优化配置,厘清理顺政府与市场、与社会之间的关系",不断促进执行力水平的提高。在坚持"党管干部"原则的同时,改变了任用干部方式,颁布了《中华人民共和国公务员法》等法律法规,探索建立了公开选拔、竞聘上岗等新体制,推进干部人事工作科学化、民主化、制度化,同时还探索建立干部引咎辞职制度,促进执行主体不断提高执行素质和执行技能。

(四)问责制对政府执行行为进行了有效约束

官员问责制,是指对各级政府及其工作人员的一切行为和后果都必须而且能够追究责任的制度。其实质是通过各种形式的约束,不断强化和明确责任,限制和规范政府权力运作,最终达到权为民所用的目的。问责制的核心在于要求政府及其工作人员必须对其行为负责。当前,我国多个省区市颁布了有关问责制度的办法,比如《海南省行政首长问责暂行规定》《重庆市政府部门行政首长问责暂行办法》《深圳市人民政府部门行政首长问责暂行办法》。应当说,这些问责制度的实施,带来了积极的变化,对一些政府官员的权力和行为进行了较好的规范,一些官员也由于不作为、乱作为等而受到处分。此外,随着"行政首长问责制"的进一步细则化、程序化和规范化,各级政府的施政积极性也逐渐提高,切实提高了政府执行能力。

(五)督查工作在新形势下对提高政府执行力发挥着日益重要的作用

督查工作作为一个重要的领导环节和领导方法,是各级党委政府推动工作,确保决策落实、政令畅通必不可少的重要手段。中国共产党历来高度重视督促检查工作,中央和地方各级党委政府也围绕重大决策部署和领导批示精神的贯彻落实做出一系列重要部署,推动督查工作更上新台阶。当前,督查工作的职能不断拓展,从传统的领导批示件办理到党委政府决策部署的落实,从单一的专项查办到决策督查、专项督查、督查调研并举,有的地方还对新闻媒体、互联网上反映的突出问题进行督查,有的督查部门不断创新督查方式,将督查和绩效管理相结合,有的督查部门将落实效果与人事任免相结合;督查的工作制度日益完善,党和国家先后多次对完善督查工作出台指导意见,对督查的职责、工作体制等进行完善,推动督查工作不断向制度化、规范化、科学化迈进。同时，在中央和地方党委政府的重视支持下，全国督查干部队伍不断壮大，日益成为各级领导抓好落实的得力助手。特别是党的十八大以来，党中央对督查工作更加重视，先后多次开展全国范围内的督查活动，比如关于停止新建楼堂馆所和清理办公用房的督查，中央八项规定精神贯彻落实情况的督查，以及其他有关党中央国务院重大决策部署的督查，都取得了较好的效果，全国上下正形成一股抓落实的新风，督查工作作为抓落实的一柄利剑正发挥着越来越重要的作用。

（六）"市长热线"、信箱等的开通扩大了政府执行的社会影响

"市长热线""市长信箱"作为政府与广大人民群众联系的桥梁，通过广泛听取社会各界、基层单位对市委、市政府工作的意见和建议，对于推进市委、市政府各项决策的民主化和科学化，推动社会热点难点问题的解决，促进政府执行力的提高，具有独特的功能和优势。在新的形势下，不少地方的党委政府积极推行网络问政，在网上及时答复群众的提问，进一步提高了办事效率，促进了有关问题的妥善解决。

二、我国政府执行力建设存在的主要问题

1978年以来，随着党和国家工作重心的转移，党和政府先后制定了一系列正确的政策，这些政策得到了人民群众的热烈拥护和大力支持，各级政府也在执行这些政策时表现了极强的执行力，取得了举世公认的伟大成就。与此同时，在我国经济社会快速发展的过程中，"有令不行，有禁不止"的现象仍时有发生，在利益的驱使下，有些地方和部门随意地变通政策，使政策在执行过程中扭曲、变形。有些地方和部门采取各种手段，钻政策的空子，致使政策不能到位，甚至出现政策失真。当前，我国政府执行力不足的表现主要有以下七个方面：

（一）行政不作为导致执行完全失力

所谓行政不作为就是指执行主体有积极实施某项行政行为的职责和义务，能够履行而未履行或拖延履行其法定职责、义务的状态。行政不作为

是执行中一种完全失力的状态，其执行力度、效度等近乎为零，其具体表现为"无知缺失"和"故意缺失"。"无知缺失"指执行主体因不清楚自身的职能、责任而未采取行动，"故意缺失"指明知自身的职能、责任却出于某种利益考虑或者其他因素而拒不执行。前者往往与政府部门的有关职能定位不准、划分不清有关，后者则主要表现为行政主体本有积极实施行政行为的职责和义务，但基于某种利益考虑或缺少担当意识，视而不见、十分清醒地"忘记"了自己的职责，推诿、拖拉、讲条件、"踢皮球"，对于碰到的许多矛盾和问题，能躲则躲，能推就推，出现行政不作为。当前笔者所了解到的行政不作为主要集中在以下几个方面：一是对于比较普遍的违法行为制止不力，导致违法事实长期存在，损害了公民、法人和其他组织的合法权益。比如某些地方出现的书籍、光盘等盗版问题，严重侵害了知识产权人的权益，但基于执法成本的分析，有关管理部门往往"睁一只眼，闭一只眼"，致使地方盗版现象愈演愈烈。二是对于危害公共利益的违法行为，负有管理职责的部门未能足够重视。《中华人民共和国环境法》《中华人民共和国森林法》等规定严禁乱砍滥伐，严禁占用森林资源修建别墅等，但有些地方如陕西西安在森林中违规修建上百幢别墅，严重破坏了生态环境，同时也导致一些资源纠纷长期得不到解决。三是对于危及人民群众生命和财产安全或潜在的损害群众利益的行为，以发展经济为由将群众的根本利益置之度外。如一些官员利用职务之便，以公开招标为幌子，想方设法将工程发包给"自己人"，致使工程质量低劣，造成潜在安全隐患。四是对于涉及多部门的事务，缺乏主动性，有利则做，无利则推，认为没有协调和配合其他部门完成任务的责任，一味地"踢皮球""和稀泥"，以致许多问题和矛盾要通过地方的党委书记或行政长官出面干预，才能最终得到解决。

与行政乱作为不同的是，行政不作为对于权力的不正当使用处于一种隐蔽状态，但由此造成的损失和危害不可小视，情节轻微的会减损国家政策效应，严重的则会造成失职、渎职，严重损害党和国家的利益。近几年法院受理的"行政不作为"案件呈上升趋势，但令人担心的是"行政不作为"却没有引起人们的足够重视，有些政府工作人员只愿意做"太平官"，

第四章 我国政府执行力建设的衡量标准和现实困境

抱着不求有功但求无过、得过且过的思想混日子，懒政怠政，对于己不利的事一拖再拖；有些政府工作人员追求表面的廉洁自好，不贪污不受贿，但从不为服务对象着想；还有的故弄玄虚，明明按规定能办的事，偏要老百姓托关系、找门路，跑上好几趟。最令人忧虑的是，不少党政领导干部仅仅把这些看作是工作作风、工作态度问题，而没有认识到这其实是执行力极差、极弱的表现，而往往就是因为这样，许多矛盾和问题久拖不决，最后积累成大问题，造成严重的社会影响。针对此情况，要进一步加大对这类懒政、怠政行为的处罚惩治力度，出台有关问责条款，坚决把这种情况或问题解决掉。

(二) 缺乏主动性和创新性导致执行乏力

执行乏力是最常见的一种执行力弱化现象，该执行行为体现为畏首畏尾、止步不前，盲目被动或对中央的政策照搬、照抄、照转，说在嘴上、写在纸上、念在会上，"唱功"不错，"做功"很差，具体有两种类型，即观望滞后型执行和机械执行。

观望滞后型执行是指执行主体在执行过程中，由于缺乏必要的理论水平和宽阔的视野，行动呆慢，缺乏创新，对有关形势判断失误或对政策时效性缺乏准确的把握，从而导致执行力较差。这种行为往往在政策出台之初，表现为畏首畏尾，止步不前，四处观望，等一等、瞧一瞧；在其他一些地方执行新政策收到了很好的效果之后，又蜂拥而上，争相执行，但此时已经进入了政策执行的效力衰减期，效果往往已经不那么明显了。如在中央分配性政策（通过调动政策对象积极执行从而使政策对象获得社会利益的政策）的执行上，一些后发展地区往往不能在中央分配性政策出台之初就下大力气执行，而是在经济发达地区率先执行并已经取得明显政策效果之后，才开始模仿学习发达地区的经验来执行，但此时这种分配性政策往往已经进入效力递减期。

机械执行也可称为"教条式执行"，它主要指执行组织和个人没有理解到政策的真正意图、内涵要旨与决策本意、精神实质，只注重落实形式而无实际内容，只传递政策而不实现具体化、可操作化，不注重将有关决策或政策与本单位、本地区、本行业的实际情况很好地结合，对有关任务的执行方法简单机械，实际上充当了复印机、传声筒、留声机的作用。其主要表现为：一是不懂或参悟不透政策或决策的精神实质，无视客观条件，对相关问题不能因时、因地、因事做出具体分析，机械地照搬政策，搞所谓的"一刀切"。二是无视本地区与管理对象的具体情况和特点，机械地照搬其他地区、部门或行业的政策。更荒诞的是，有些地方对某一政策的实施方案竟然惊人相同，工作总结也是抄来抄去，没有任何创新性，反映了执行者在思想上和政治上的麻木。三是因循守旧，无视具体管理中各种新情况、新问题、新特点，遇事老想老办法、老路子，既不会用经济、法律的手段，更不会用思想引导的方法。四是在执行中只重形式和程序，把执行理解为照搬、照抄、照转，以会议落实会议，以文件落实文件，以讲话落实讲话，表面上轰轰烈烈，而对政策的结果漠不关心。这种执行方式体现了某些政府和部门的"惰性"，这种执行主体表面上可以看作是一个忠实的执行者，好似坚决地、义正词严地正确执行党和政府的路线、方针、政策，但事实上，执行主体的这种教条式执行已导致决策的内在科学价值被耗损，并且有关决策内容因执行方式不当或执行渠道不畅而产生阻滞，甚至出现"梗死"现象，导致有关文件往往只是一纸空文，根本谈不上解决具体的问题，政府执行力因而被大大削弱。

（三）"小算盘"意识作怪导致执行走样

有一句流传于民间的顺口溜，"中央政策大晴天，下到省市起点云，传到县里变成雨，落到镇里淹死人"，这虽然不属实，但也从一个侧面反映了政府执行领域的效用递减与失灵现象。政府执行的效用递减与失灵现象固然与政府的官僚结构体制相关，因为金字塔式官僚制结构是一个具有能级差的链路体系，在该链路中存在一种随着层级的降低而能量逐级减弱的现象①。然而，政府执行的效用失灵更与政府及其部门和人员的利益取向有很大关系，"小算盘"意识太强，主要有选择性执行和附加性执行。

选择性执行，是指执行主体在执行过程中出于自身的利益需求而对相关法律政令、政策决议等的内在精神实质或部分内容进行任意取舍的执

---

① 彭新武. 官僚制：批判与辩护 [J]. 福建论坛（人文社会科学版），2009（5）.

第四章 我国政府执行力建设的衡量标准和现实困境

行,其本质是一种政府投机主义行为。政府执行的意义在于确保国家的政令畅通、有令必行、有禁必止,这就要求执行主体在工作过程中要全面、忠诚地执行相关的政策、法规。然而在实践中,一些执行主体往往出于地方、部门、行业等自我利益的考虑,在执行过程中对原决策部署或政策随意进行"漏斗式"过滤或筛选。还有一些地方政府的工作人员,为了获得上级肯定、晋升晋级,或者追求其他的政治或经济目的,有选择地执行那些易于出政绩、获取上级好感的政策,对那些推进难度大、难以出成绩的政策则想办法拖延。选择性执行的目的在于"为我所用",在于实现自身的利益,选择标准主要是能否实现本地区和本部门的自身利益,它主要分为两种类型:一是在一项上级政策的内容中,选择有利于本地区本部门的部分内容来执行;二是在若干种上级政策中,选择有利于本单位的某一项或几项贯彻执行。选择性执行不仅会破坏上级政策的整体性,也会损害其权威性和严肃性,进而影响政策目标的实现。

附加性执行,是指执行者在执行过程中为了个人利益或局部利益对所执行的政策附加了一些原来政策没有的内容,导致政策执行走样,影响了既定政策目标的有效实现。这些附加的政策往往与原政策内容不完全相符甚至相悖,是执行者为谋求自身利益、局部利益、地方利益而另立的一套,可以说是自行其是。以我国住房制度改革为例,改革的目的本来是通过实现公有住房分配的商品化减轻国家财政负担,搞活房产建筑企业。但在实际贯彻执行过程中,一些地方和部门自行变通,不仅使得国家的几次房改政策都难以有效执行,甚至还加剧了原有住房分配中的矛盾。附加性执行有明显的利益导向,执行者将政绩评估的各项指标所对应的任务附加额外的要求,并将任务的落实与自身利益挂钩,在执行国家、上级政策的同时,"搭便车"为自身谋取利益,这样做不仅会加大执行成本,还会背离政策的宗旨,严重干扰有关政策的有效落实。

(四)李代桃僵导致执行无效

当前,我国从中央到地方都制定了许多有利于社会发展的政策或决策,但有的地方和部门在执行这些政策决策时,往往基于所谓的"理性经济人"的理性选择,弄虚作假,阳奉阴违,敷衍应付,执行政策完全走样。比较突出的是"替代执行"和阳奉阴违、拒不执行的"敷衍执行"。

替代执行即通常所说的"上有政策、下有对策",当中央或上级政策有损于地方部门利益特别是有关执行官员的个人利益时,这些执行者就会通过"层层截留""曲解政策""补充文件"等手段千方百计地制定一些与中央政策表面一致而实质相悖的"对策",出现上下政策貌合神离,进而造成政策替换的情形。此外,政府在执行过程中,可能出于自身利益考虑,宽严不一,以权谋私,在应坚持政策原则的立场上搞所谓的灵活性和随意性,伤害了政策的严肃性。

敷衍执行,指有的地方政府阳奉阴违,说一套做一套,实用主义盛行,于己有利就执行,于己无利则任意变通。有些地方或部门本位主义极其严重,地方或部门利益至上,对国家出台的法律法规和方针政策合乎自身利益的就"用活用足",不合乎自身利益的就置若罔闻,导致国家的法律政策形同虚设。比如,环保部通报了一些严重违反环评制度的项目,但由于这些项目往往是当地的"大项目",被视为"钱袋子""财神爷",当地对其发展仍私下给予强有力的支持。

(五)滥用自由裁量权导致执行随意

行政自由裁量权是行政机关在法律明示授权或者默许的范围内,基于公共行政的目的,自主选择而做出一定的具体行政行为的权力。它是行政组织在行政行为中最广泛使用的一种行政权力。王名扬先生认为,"自由裁量是指行政机关对于作出何种决定有很大的自由,可以在各种可能采取的行动方针中进行选择,根据行政机关的判断采取某种行动,也可能是执行任务的方法、时间、地点或侧重面,包括不采取行动的决定在内"[①]。政策执行中行政自由裁量权的存在是必然的,因为行政管理活动是一项不断遇到新问题、新矛盾的创造性的工作,即所谓"千篇千律""千人千面",这就需要充分调动执行主体的主观能动性,赋予其必要的行政自由裁量权。换言之,政策的普遍性与执行环境的特殊性之间的矛盾必然要求执行主体拥有行政的自由裁量权。但是,行政自由裁量权往往是一把"双刃

---

① 王名扬. 美国行政法 [M]. 北京:中国法制出版社,1995.

剑"，它在适应了行政复杂化的需要有助于提高行政效率的同时，也容易导致执行主体滥用权力，因为行政自由裁量权实际上是给予行政人员行为选择的机会和空间，加之缺乏必要的规范制约措施，使其运行常常偏离它被授予时的目的指向，导致违法裁量、随意裁量等行为时有发生。有的人员还为了本部门或自身的利益最大化，对政策随意执行，相同状况不同对待或者不同状况同等对待，违反行政合法性原则与行政合理性原则，超越了相关法律法规所规定的限度，也损害了政府诚信，从而导致执行目标无法实现。

（六）行政伦理失范导致执行变质

行政伦理是行政管理领域中的角色伦理，又称行政道德，它是以"责、权、利"的统一为基础，以协调个人、组织与社会的关系为核心的行政行为准则和规范系统。在当前的政府执行中，一些政府及公务人员出现了行政伦理失范，导致设租牟利或其他贪腐行为的出现。其中，设租牟利又称"权力寻租"或"权力设租"，是指政府组织及其行政人员利用行政权力窃取公共资源，为自身牟取私利，侵害了人民群众的利益以实现本部门或个人利益的最大化。特别是在运用权力的过程中把做买卖的思想带入行政管理过程中，明码标价，拿钱办事，大钱办大事，小钱办小事，没钱不办事。例如，有的国家部委厅局级干部竟然变卖国家资源，换取个人利益，有的甚至贪污上亿元；还有的地方出现"小官巨贪"问题，像一些村支部书记利用征地拆迁、社保等方面的政策从中渔利，祸害百姓。执行力的问题从本质上说还是一个公共性的问题，若其公共性被侵蚀，则无异于机关执行力的灵魂被侵蚀！

（七）成本意识缺乏导致执行效益不高

政府执行成本，就是政府在实现执行目标的全过程中所耗费的人力、物力、财力的总和，执行效益是指政府执行的效果和收益。众所周知，在许多领域政府具有非竞争性和排他性，占据了大量的资源，一些执行人员在执行中从不吝惜国家的财力、物力等，导致执行资源严重浪费，政府运行成本居高不下。特别是有些地方干部根本没有所谓的成本、收益等概念，政府执行根本不算经济账，花钱大手大脚，导致资源浪费十分严重，在付出巨额的执行成本后,即使取得了预期的执行目标,执行的有效性也大打折扣。同时,由于有的政府转型不彻底,管理方式落后,管不了该管的事,再加上有的机构规模比较臃肿,人浮于事,这些状况也导致政府执行效益不高,政府执行成本不断上升。

第三节　政府执行力弱化问题的危害

政府执行力建设是一个系统工程,同时它本身也是整个行政体系中一个不可或缺的环节和链条,有着"牵一发而动全身"的战略意义。政府执行力的强弱不仅是某一项具体政策的成败得失,还关系到政治稳定、经济发展、社会和谐等,其影响和危害,近则减损政策效应、提高执行成本,远则消损政府公信力,乃至侵蚀人们的价值基础,更有甚者将危害国家政权和社会的稳定。

(1) 减损政策效应。美国决策学者艾利森曾说,"在实现政策目标的过程中,方案确定的功能只占10%,而其余的90%取决于有效的执行"[1]。政策效应就其全面性可分为社会、政治、经济效应,就其时效性可分为长期效应、短期效应,就其程度可分为充分、不充分等。政策目标的实现、政策效应的全面发挥,很大程度上依赖于公共政策的有效执行,因为公共政策执行的成功与否和政策效应的发挥程度直接相关。特别是有的政策具有时效性和履行的最佳时间点,如果错过了最佳时机,再好的政策也变得毫无意义。而当前有些政府执行力弱化,使得政策的目标难以实现,某些社会问题得不到合理解决,同时出现政策效应片面化、短期化、折扣化的现象,总体效应被严重减损,导致政策的有效性无从发挥,进而削弱了地方政府的施政效能。

---

[1] 吴锡泓等. 政策学的主要理论 [M]. 金东日译. 上海:复旦大学出版社,2005.

第四章 我国政府执行力建设的衡量标准和现实困境

（2）执行成本的浪费。执行成本是指在执行的全过程中所耗费的人力、物力、财力以及其他资源的总和。出于成本效益分析，执行组织或执行个人必须尽最大努力优化资源配置，合理安排好人力、物力、财力，以最小的成本投入获取最大的社会经济效益。然而，如前所述，种种的执行弱化行为导致所投入的各种资源产生不了合理的回报或效应，出现了所谓的耗损现象。现实工作中，一旦执行受阻，有关工作人员可能会误认为政策制定得不好或不科学，进而又重新论证和调查研究或者追加不必要的费用，如此恶性循环，就造成了更为严重的后果。但无论出现哪一种情况，都将导致政策执行成本大大增加，从而造成管理资源的极大浪费。

（3）损害政府公信力。政府公信力，简单地说就是政府获取公众信任的能力，是政府依据自身的信用所获得的社会公众的信任度。如前所述，政府公信力和政府执行力相辅相成、相互制约，从历史经验可知，政府执行力和公信力是政府生命力的重要载体和基本保障，是一个问题的两个侧面，如果政府的执行力不强，工作决策和部署落不到实处，就不可能有工作实绩，政府所谓的"言而有信"也就是一句空话。同时，政府执行力的弱化不仅关乎一时、一地或某一方面具体政策的成败得失，还关乎社会民众对包括中央政府和地方政府在内的整个政府体系的信任。若政府执行力弱化，特别是重大公共政策延缓、失效，将会导致民众对政府的执政意愿和执政能力产生怀疑。更进一步说，政府执行力的高低强弱更关系民心向背。因为从法理上讲，政府是代表人民行使管理国家和社会事务的权力，政府的职能既是一种权力，更是一种责任，只有切实有效地履行职责，不越位、不缺位、不错位，才能赢得民心，受到拥护。就这个意义而言，民心向背主要是由政府执行力水平的高低决定的。无数客观现实一再昭示：政府执行力强，积极履行职责，群众就拥护政府；政府执行力弱，一味地"有令不行、有禁不止"，群众就会对政府提意见，更严重的会酿成信任危机，动摇政府合法性管理的根基。

（4）行为和价值导向偏离。一项决策或政策的制定、国家法律的出台，都有其现实针对性，有其价值导向和利益平衡考量，并且对人们的行为具有规范和引导功能，它告诉人们哪些事情是该做的，哪些不该做，以

· 73 ·

及做这些事情的重要意义和价值。一方面，通过政策的执行为人们的行为提供方向指引，使人们的行为更加合乎理性而非无目标无导向，更加经济有效而非徒增浪费，特别是调和一些复杂的、相互冲突的行为，使之朝着统一的目标有序前进。另一方面，通过政策的执行，可以引导人们做正确的事情、正确地做事，进而引导人们的价值观念并增强自身的政治素质。但是，政府执行力弱化则容易使人们对政府决策或政策的执行产生错觉，认为政府政策或决策可以随便更改、任意取舍，从而转变了对公共政策应有的严肃性态度，甚至我行我素，偏离原有行为目标。特别是政府机关作为公共利益的代表，其公共性的本质要求其行为的价值取向应该理所当然地指向公共利益，若出现执行中的"小算盘"意识作怪导致执行走样，滥用自由裁量权导致执行随意，以及行政伦理失范导致执行变质等问题，会导致人们认为政府行为的价值取向是为谋取私人或小集团的利益，特别是某些官员严重的贪腐行为会带坏社会风气，产生价值观念混乱、社会道德观扭曲等一系列严重后果。

第五章 从绩效视角分析我国政府执行力的现状

通过前文对政府执行力理论的回顾和梳理，以及对政府执行力的概念、特点等的分析，笔者发现，政府执行力是政府执行人员、机制、资源、环境等发生作用时所产生的综合力，这种力由政府内部产生，在一定条件下作用于执行客体和环境，并受到执行客体和环境的影响。由此可见，政府执行力并不是各种力的简单相加，而是由其能量来源、构成要素、作用对象、作用原理、影响因素等构成一个复杂的执行力系统。基于此，关于执行力影响因素以及弱化的原因，也应当从系统的角度来加以剖析。在政府执行力影响因素的研究方面，一般认为，影响执行的主要因素包括政策自身、执行主体、执行对象、执行环境（政治、经济、社会文化）、执行资源、执行机制（信息沟通机制等）等方面。有学者对政府执行力的影响因素以及造成政府执行力弱化的原因进行了比较全面和系统的研究，为政府执行力的提升指明了方向。从上述关于绩效管理与政府执行力建设的互动契合理论中得知，绩效管理是提高政府执行力的战略路径和基础工程，是政府执行力改进的起点和基本路径，同时绩效管理还对政府执行力建设起着引导作用，有助于增强政府执行力建设的合法性。政府执行力绩效管理的缺失将会导致政府执行力的提升成为无源之水、无桨之船。因此，从绩效视角探讨政府执行力弱化的成因，不断完善政府执行力绩效管理体系，显得十分重要而迫切。

第一节 绩效管理价值取向扭曲影响政府执行力建设的方向

价值取向是指执行主体在价值选择以及在执行过程中采取一定行动的内在倾向性。价值取向是绩效管理体系建立的灵魂，也是政府绩效管理的深层次组成要素，具有重要的导向和指引作用。它如一股无形的力量，不仅影响和制约着绩效管理体系的规模、功能和性质，而且也影响着绩效管理的具体实施以及发展变革的方向。同时，对于政府执行而言，绩效管理价值取向的最终确定以及如何确定，往往显示出政府管理的战略取向，以及政府对自身改进的努力和民众对政府的期望。绩效价值取向就像一根指挥棒，从根本上影响和制约着政府的行为方式与内容。应当说，执行主体总是根据绩效管理的价值取向来制定自己的执行策略、确定工作重点，有什么样的绩效取向，就会有什么样的执行行为。最初政府绩效评估的基本价值取向是经济、效率和效益，即3E（即Economy、Efficiency和Effectiveness）原则，后来3E扩展成为4E，增加了公平（Equity）。在此基础上，有不少学者把政府绩效管理的价值取向归纳为经济增长、公平、民主、稳定、自由和进步。其中，经济增长和公平反映经济绩效，民主和稳定反映政治绩效，自由和进步反映社会绩效[①]。由于我国特殊的国情和所处的发展阶段，一段时期以来政府部门过于关心经济增长指标，而忽视了公平和效益等指标。如前文所述，政府执行力的重要属性是伦理性，政府执行力的提高不能仅注重效率，还要充分考察执行活动所彰显的德性价值，重视执行是否促进社会的良性发展。政府执行力建设应该是价值理性与工具理性的统一体，首先要解决的应当是"为谁提高""为何提高"的问题，其次才是"如何提高"的问题。目前，我国政府绩效管理的价值取向

---

① 胡淑晶. 政府绩效评估的理论和方法［J］. 甘肃社会科学，2005（6）.

第五章 从绩效视角分析我国政府执行力的现状

出现了相应的偏差,出现了以民为本的价值缺失、公众满意取向未能凸显、对效率原则的扭曲以及经济价值的泛化的问题,导致政府执行力建设的公共性、伦理性等得不到有效体现,具体表现在以下四点:

一是以民为本的价值缺失。依据绩效管理活动中评价主体与客体间互动模式的不同,政府绩效管理的价值取向可以分为"政府本位"与"民众本位"。随着我国市场经济改革的深入推进,在进行政治民主化改革进程中越发强调民众的政治参与,强调建设服务型政府。因为政府绩效的根本导向在于促进公共利益,在于是否更多地为公众提供了优质服务,以达成政府与公众间的双向互动关系,即"民众本位"。但现实告诉我们,政府本身也带有"自利性"或有自身的利益考量,采取绩效管理的方式有可能会损害政府组织及其工作人员的利益,导致一些人潜在地抵制绩效评估而采取不合作的态度。在政府"自利性"的影响下,有的地方推行政府绩效管理时并没有解决好诸如公共利益的范围大小、政府的价值选择与公民利益需求如何协调等问题,而是突出了政府某一部门或地方政府对评估的要求。并且,有的地方政府及部门为了彰显其政绩,会将自身利益置于国家利益或公共利益之上。在近年来的企业改制、城市拆迁等涉及群众切身利益的工作中,公众与政府的对抗色彩浓厚,有时还会出现"流血事件",其主要原因在于有的地方或部门没有摆正地方利益、部门利益与公共利益的关系,甚至出现了用部门利益、地方利益占有或挤占公共利益的方式来换取较佳绩效管理的现象。

二是公众满意取向未能凸显。有的地方或部门在推进政府绩效管理过程中,对服务对象的意见重视程度有限,再加上社会公众获取有关评估对象信息的渠道或方式有限,社会公众在参与政府绩效评估时难以真正有效地发挥作用。同时,在实际工作中,上级领导通常是绩效标准的制定者与绩效管理的主导者,"上有所好、下必甚焉",有的地方或部门为了获取有利的评估结果,为了达到仕途晋升等目标,往往更看重工业生产总值、利税上缴、市政建设等有形绩效指标的设定,而忽略了公众的感受。这也使得一些政府部门及工作人员把对上级负责与对公众负责割裂开甚至对立起来,对提高上级满意度想得多,对民众的实际需求和意见却视而不见。在这种绩效取向引导下，一些政府或部门为了换取高增长的"政绩"，盲目搞大开发、建新城，不仅给当地财政和公众带来沉重负担，从长远看也阻碍经济的发展和人民生活水平的提高。更为严重的是，负责此类项目与工程的政府官员可能因此而得到提升，给继任者起了一个坏的诱导作用，于是一个又一个地方或部门官员为了得到上级的赏识和提拔就会掀起一轮又一轮的开发①。同时，在具体操作过程中，有的地方或部门更会关注自身的权威，忽视民众的切身感受，忽视对具体民主参与渠道的建设，比如在一些政府部门办事时，往往会遇见"门难进、脸难看、事难办"的情况，即使在涉及公众的切身利益时（如城市拆迁问题），一些政府部门也难以考虑到社会公众的满意度，这也恰恰说明了公众满意这一价值取向未能凸显。

三是对效率原则的扭曲。追求效率是政府绩效管理的核心，高效是社会各界对政府的共同期望。在我国，政府往往重投入轻产出，重过程轻结果，特别是宏观经济领域高投入、高消耗、低效益的现象尤为突出，效率有待进一步提高，同时政府提供的公共服务还远远达不到令人满意的程度，因此政府绩效管理还要进一步体现效率原则及其价值。政府要根据经济、效率、效益的标准有效地配置并使用资源，进一步降低消耗，并提高公共服务的质量。但是，追求效率并不意味着政府绩效管理唯效率而行，而忽视政府的公共性。公共行政本质上应以民主为基础，如果只强调效率，忽略了对其他重要价值目标的追求，如社会公平、公共责任等，将会导致有的地方政府或部门在设置绩效评估指标时过多地围绕行政效率方面进行，从而不能构建全面合理的绩效评估指标体系，影响了绩效管理的科学性。

四是经济价值的泛化。总的来说，一套科学的政府绩效管理体系的价值维度主要由以下方面构成：第一，经济增长等方面的价值取向。这里的经济性指标与"3E""4E"标准中的经济指标的含义相同，体现为各项宏观经济指标的完成程度，如GDP和人均增长值、财政收入、利税目标等。第二，质量方面的价值取向。这要求政府要以公众满意为导向，进一步提

---

① 李静芳. 对当前地方政府绩效评估的价值取向分析 [J]. 党政干部论坛，2001（12）.

升服务的质量，特别是要注意公民对质量的满意度评价。第三，公平的价值取向。公平关心的主要是公正分配和实质正义，具体体现为实际分配财物、提供服务的公正性程度。而其中，由于弱势群体需要特别照顾，所以考察弱势群体是否能得到更多的服务，往往也是衡量公平性程度的一个重要指标。第四，民主的价值取向。这要求公民必须享有充分、平等的机会，同等自由地参与公共生活、形成自己的观点和偏好，并对最后决策的形成产生重要影响。以上四个方面的价值取向缺一不可。而在过去的考核和审计中，人们将注意力更多地集中在经济效益上，以致一些地方政府为了完成经济增长指标，不顾自身实际情况盲目上项目，而把对区域生态环境产生的长远影响抛诸脑后，造成社会发展不协调，从长远来看，更会破坏经济的发展。同时经济价值泛化、其他绩效的价值或重要意义得不到体现，严重制约了社会均衡全面的发展。中国现代化过程中出现的利益分配不公、社会矛盾升级、生态环境破坏严重问题，或多或少都与政府绩效管理经济价值泛化的不良取向有关。

第二节 评估主体多元化程度不高削弱了政府执行效益

一、政府执行力评估主体多元化的基本理由

评估主体多元化的主要理论基础在于利益相关者理论。弗里曼在《战略管理：利益相关者方法》中明确地将"利益相关者"作为一个理论提出，认为利益相关者是那些能够影响一个组织实现目标的人，或者自身受到一个组织目标的实现影响的人。而将利益相关者理论引入政府绩效管理也是政府改革发展的必然趋势。政府绩效利益相关者就是指与政府工作的业绩和取得的成效有一定利益关系的主体。政府在社会经济发展过程中具

有主导作用,因此政府利益相关者具有广泛性,社会公众、政党、人大、媒体、企业组织、社会团体等都可以界定为政府绩效的利益相关者。彭国甫、盛明科认为政府绩效评估不同主体间的利益偏好是不同的,而且是非均衡的,同时,他们对政府绩效评估主体利益差异的原因进行了分析,对政府绩效评估过程中不同主体的利益倾向进行了研究,并提出了整合政府绩效评估主体间利益差异的有效路径[①]。

笔者认为,政府执行力评估主体也应该是多元化的,主要从两个方面加以剖析,一是基于评估主体多元化的内在原因及重要意义,二是对评估主体的利弊进行分析,以便对各个评估主体进行合理的组合运用。

(一)评估主体多元化的内在原因及重要意义

评估主体之所以需要多元化,一是利益主体的多元化决定了政府绩效评估主体的多元化。在政府执行力评估过程中,各级政府组织及其工作人员、社会公众以及相关的企业、社会团体等都是利益相关者,每个利益相关者在绩效管理中都具有不可替代的地位和作用,为提高评估结果的科学性、公正性,就需要在设计评估主体体系时将各种利益相关者都纳入进来。二是评估结果的准确性要求评估主体的多元化。测量学告诉人们,要实现零误差的测量几乎是不可能的,但可以通过分析误差产生的原因并采取一定措施来尽可能缩小误差。同样地,政府执行力评估主体受其利益倾向、价值观以及能力水平的影响,要达到评估结果的绝对准确、实现零误差也是很难的。为此,在评估众多主体时,由于每个人的价值取向、知识经验、自身利益相关性大小等各不相同,为保证评估结果相对全面和准确,就有必要规避评估主体结构单一的问题,实现评估主体的多元化。

同时,评估主体的多元化将有助于改善政府执行力评估。一是有利于政府绩效评估指标体系的完善。多元化的评估主体参与政府绩效评估,也要求相应的指标与之相匹配,从而逐步形成一个全面的评估指标体系。面对多元主体对政府绩效评估的要求,政府不仅要注重提高经济效益等指标,还得进一步关注各方的利益需求,注重公平公正、公众满意度等指

---

① 彭国甫,盛明科. 政府绩效评估不同主体间的利益差异及其整合 [J]. 学习与探索,2008(5).

标。二是评估主体多元化有利于政府绩效评估方式的变革。我国传统的评估往往是以内部评估为主,主要方式是政府进行组织考察或工作检查以及专项督查,这种评估缺乏公众的参与,也缺乏与外界的沟通和联系,存在着评估方式单一、评估过程相对封闭的缺点。随着外部评估主体的不断加入,社会调查、民意测验、网上评分等评估手段也开始应用于政府绩效评估领域,进一步促进了评估手段的多样化、多向化。三是有利于促进民主政治的发展。受传统思想文化的影响,公民缺乏参与政治的意识,参与素质也不高,而绩效管理是民主政治与民主监督实现的重要途径和手段,政府绩效评估实践的不断发展,为公民提供了民主政治实践的机会和空间舞台,促进了民主政治的发展。

(二)评估主体的构成及利弊分析

要先初步了解我国执行力评估主体的大体构成,并逐步分析其利弊得失。目前,我国政府执行力评估主体一般分为两类,即内部主体与外部主体。

就内部评估主体而言,内部主体是指从评估对象的组织管理体系内部产生的评估主体,包括政府部门自身、政府的上级主管部门以及政府自身的工作人员等。在我国政府评估实践中,根据评估工作开展的方向,可以将内部评估主体分为三种:第一是纵向评估主体,即从上而下开展评估,如上级政府对下级政府的评估,以及政府部门开展的一些行业绩效评估,如教育部对各类学校系统开展的评估。第二是横向评估主体,即在同一层级的政府各部门开展互评,此类评估的重点通常在于被评估部门在与评估主体部门相关业务领域内的绩效表现。第三是自我评估主体,即一般由政府专门机构比如效能办等部门针对自身绩效开展的评估。总结我国近年来政府绩效评价的实践情况,多数评价是在内部进行的,这有其优势,如更容易得到上级领导的支持以及部门的配合,更了解政府的运作规律和工作流程,更便于得到相关信息,评估结果也能更容易得到应用。基于体制机制的原因,从现实情况出发,笔者以为,在未来相当长的时期内,内部评估将依然是中国政府绩效评估的主要形式。但我们也清醒地认识到,内部评估主体存在着局限性和封闭性,这也造成了人们对其结果公正性的怀疑。从理性经济人的角度考虑，不管是上级评估还是自我评估，评估主体都是直接或间接的利益相关者，很难排除对自身利益的考量，因此内部评估往往会附以一些自利行为，所以为了提高评估的科学性、公正性，政府绩效评估最好不要完全由政府自身来完成。否则，政府既是裁判员又是运动员，很容易使政府绩效评估最终变为走过场或数字游戏。

就外部评估主体而言，我国的情况相对比较复杂。第一，全国人民代表大会、中国人民政治协商会议以及司法机关、审计机关对政府执行力进行评估。这些机关在政府执行力评估中通常扮演着参与者而非评估组织和执行者的角色，有的侧重于评估政府履职情况，有的侧重于评估政府行为的合法性，有的侧重于从民主协商或监督方面对政府绩效进行评估，有的侧重于对资金利用效率进行评估。这些部门具有较强的权威性，但由于进行评估的操作程序过于烦琐，时间相对较长，对政府执行力评估的有效性尚待提高。第二，公众、企业等公共服务对象对政府执行力进行评估。政府根据需要从社会各界人士中选择一定比例的代表组成综合评价主体，并通过召开座谈会、发放问卷、网络调查等方式听取这些评价主体的意见。一般而言，公众作为公共产品和公共服务的直接接受者，对政府相关绩效有着最直接的感受，最有发言权。此外，公众参与绩效管理，也可以使公众增加对政府政策施行过程的了解，客观上也增强了公众对政府的认同和好感，从而更加配合政府执行工作任务，促进政府执行力的提升。当然，公众参与政府绩效管理也有其先天的不足，主要是公众参与主体的地位尚未明确，在评估技术和政府绩效相关信息等方面也比较缺乏，这些都直接影响了公众参与政府绩效管理的效果。而且，过多关注对一些具体的公共服务项目的满意程度等方面，评估内容具有很大的局限性。另外，公民的个人偏好也导致评估结果容易失真，特别是采用情绪化色彩较浓的民意测验表、网络调查等形式的评估，虽然在一定程度上能够代表公众的态度，但其中也往往掺杂了许多非理性的因素。从一些调查来看，有的公众往往利用一些测评发泄对政府的不满，影响了测评的结果。第三，中立的第三方评估组织对政府执行力进行评估。随着我国政府绩效管理的推进，独立的第三方评估也日益获得认可和重视。第三方评估机构掌握了科学的绩效评估技术和知识，同时也能保持相对客观中立的立场，所以相对内部评估而言，其评估结果具有较高的可信度。但保持第三方评估机构的独立性，使其真正能站在"第三方"的角度和立场客观公正地开展评估并使用结果，是发挥其作用的关键所在，第三方评估还面临一些现实问题亟须解决。

二、政府执行力评估主体多元化存在的问题

虽然这些年我国政府绩效管理的外部评估主体有了新发展，但由于政府绩效评估主体的选择和安排会受到有的地方或部门负责人员有限理性和认知偏差的影响，再加上传统文化、经济发展水平和政府管理现状的制约，评估主体发展速度比较缓慢，并存在着一系列的问题，归纳来看，主要是多元化程度不高的问题。如前文所述，政府执行是多种因素或多个利益主体相互作用、彼此博弈的过程，评估主体多元化方面出现了问题，会导致评价结果往往难以如实反映政府执行力的全貌，影响评估结果的客观公正性。同时，每个人的知识经验、利益取向、利益相关性大小等都不相同，对绩效评价的准确性提出了较高的要求，若在评估主体多元化方面出现了问题，政府执行力评价的准确性也会大打折扣。此外，评估主体多元化的缺失也不利于评价指标体系的完善以及评估方式的改革，对于民主政治的发展也会有不利的影响。

（一）评估主体结构单一化倾向严重

研究表明，充分听取分析多元评估主体的意见是确保政府绩效评估结论科学公正的基本保证。在我国，政府在绩效管理过程中往往处于主导或权威地位，并成为政府绩效评估过程中唯一的评估主体。虽然这些年外部评估主体有了一定的发展，但发展还不充分，现有评估主体仍然以内部评估主体为主，绩效评价也往往成为政府内部的事情，导致人们认为评估结果不科学、不可靠。首先，政府自我评估容易出现主观性偏差。由于参与评估活动的评估主体对评估对象比较熟悉，在没有较强制度约束的情况下，往往会顾及人情世故，随意提高或降低评估标准，难以使评估活动真

正做到客观公正。其次,非专职化导致评估质量不高。政府绩效评估是对专业性、技术性要求很高的工作,要求评估主体具备管理学、统计学、计算机应用等多方面的知识和技能,但内部评估主体的评估知识和技能相对滞后,专业化程度远不及专业评估组织。

(二)评估主体地位缺乏法律保障

我国对评估主体的选择没有明确的法律规定,政府部门往往出于自身利益需要和自身价值取向选择对自己有利的主体。此外,我国各地政府绩效外部评估实践大多还停留在自发的阶段,缺乏有效的法律依据,这在客观上制约了我国政府绩效管理评估的科学化和规范化。而由于外部主体缺乏制度化的参与渠道,很大程度上使评估主体受制于政府,并且这种评估的随机性使参与者很难对政府绩效做出持续、理性的评价。

(三)外部评估主体缺乏完全独立性

政府绩效评估主体的独立性是指评估主体在政府绩效管理的整个过程中不受外来因素的干扰,能够独立、客观地做出判断,也就是说这种评估主体不是政府的附属物,也不是政府与社会之间、政府与市场之间、政府与企业之间的"红顶中介",而是介于政府与社会、政府与市场、政府与企业之间的桥梁和纽带。现实中,部分外部评估主体也与政府之间存在千丝万缕的联系,缺乏独立性,使评估结果缺乏客观公正性。比如,有些评估主体本身就是政府的附属物,是政府行为的既得利益者,导致评估活动变成了"自我表彰";有的评估主体由上级部门直接指定,没有通过民意选举产生,一些对政府不利的组织和社会群体很难进入上级部门的选择视线;有的评估主体虽是随机产生,但其评估能力和水平达不到标准,使评估流于形式,从而降低了绩效评估的权威和信用,如采用无记名调查问卷的方式对政府进行评议时,参评代表的产生程序、方法、标准在实际操作中随意性很大,常受到领导意志左右①。

---

① 王洋. 我国公共政策评估主体的不足及对策 [J]. 河南工业大学学报(哲学社会科学版),2009(2).

第五章　从绩效视角分析我国政府执行力的现状

(四) 第三方评估主体发展滞后

第三方评估主体不仅掌握了科学的绩效评估技术和专业的知识能力，还能保持相对独立客观的立场，因而有着"最佳"评估主体的称号。政府也往往通过第三部门来提升自己的公信力，而公众则能通过第三部门获取更多真实有效的信息。但就目前来看，我们国家目前所进行的"第三方"评估大多是研究机构接受政府委托开展的，这种委托关系实际上很难真正做到评估内容和评估结果的客观真实。产生这种现象的原因主要有两个方面：一方面政府绩效评估成本较高，而我国第三方评估刚刚起步，研究机构和中介机构仅依靠自身力量在经济上将面临一定的困难；另一方面由于我国政府行政过程的封闭性较强，作为第三方的评估机构不能获取全面有效的信息，而信息的不完整自然就会影响评估主体对政府绩效的评估。

第三节　评估指标体系不完善制约政府执行力的提升

确立合理、可行、科学的执行力评价指标体系，是开展政府执行力评价工作的前提，也是最核心的问题，其对于政府执行力的提高具有举足轻重的作用和意义。一是反映政府执行力评估内容和绩效水平，提高执行的可量性。从最直观的角度讲，反映功能是一切评估指标体系都应具有的基本功能。评估指标体系中的各项指标都具有客观、如实反映政府执行力水平的功能，它们或定性或定量地描述执行个体和执行组织的基本属性与特点以及执行主体在执行过程中的表现等，有助于充分认识政府执行力这一评估客体的本质和内在联系。与此同时，作为一种客观测量尺度的外在体现，还有利于在测量标准统一的基础上获得与所测对象的实际情况较为一致的绩效结论。二是监测政府执行力状态，提高执行的有效性。社会指标概念的首倡者比德曼指出："随着社会向复杂化发展，直接经验在作为信息来源和判断之基础方面所发挥的作用越来越小了，与之相比，作为中介物的符号形式的信息所发挥的作用更大了。对于大量的信息必须加以整理，而且要重视其选择性、浓缩性、及时性和普遍性。大量的社会现象的指标，就是专为满足这些要求而产生的。"①政府执行力评估指标是一种非常重要的信号，政府执行工作的状态正常或异常，皆可以从指标的变化中分析出来，以便及时采取措施。三是实施有效的奖惩，提高执行的积极性。我国经济社会发展具有"利用指标体系诱导发展"的特征，政府执行力评价指标体系的确定，使政府工作有了方向和目标，便于凝聚人心、鼓舞斗志。同时，对照指标体系，可以检验政府及工作人员对预定目标的完成情况，并使那些具有较高执行能力的干部脱颖而出，营造一种让执行力强的干部有市场、让执行力弱的干部无市场的用人氛围，逐步建立起按执行实绩论英雄的奖励约束机制，不断提高执行的权威性。

如前文所述，目前我国政府执行力评价指标体系在构建上还存在着诸多的问题，影响了政府执行力的可量性、政府执行的有效性以及政府执行的积极性，从而制约了政府执行力的提升。具体表现在以下三点：

一是现有指标体系构建的理论不成熟。自20世纪90年代政府绩效评估在我国兴起以来，学者们在政府绩效评估的价值取向、评价指标、评价模型构建等方面进行了全面深入的研究，为我们开展政府执行力评估工作提供了大量的理论参考。但在实际的操作过程中笔者发现，指标体系设计理论涉及行政管理、企业管理、统计学等多个学科，特别是统计学的知识和方法对评价体系的设计和研究十分重要，而目前许多研究人员缺乏多学科知识的综合考虑，所设计出的评价体系往往操作性不够强，科学性和准确性有待进一步验证。

二是现有指标体系结构维度设立的标准不统一。由于对政府执行力相关理论研究不充分、不系统导致指标体系内容和结构设置混乱。比如，对执行力概念和范畴界定的区别，使部分学者将政策决策纳入政府执行力范围，认为决策是整个执行过程的开始，决策的质量和能力直接影响执行的效果。有的学者认为将政策决策纳入执行力或执行力范畴无法真正体现执

---

① 吴寒光. 社会发展与社会指标 [M]. 北京：中国社会出版社，1991.

行力的内在特性，从而使评价失去原有的作用。此外，各评价指标体系的衡量标准也不同，有的学者从高度、力度、刚度、速度和效度方面设计指标，以此来体现执行力中"力"的性质；有的学者结合政策执行过程理论，从政策执行力的各个分量如理解能力、分析能力等方面构建指标体系。

三是评价指标的内涵有交叉。将测评指标体系的总目标分解成多项具体指标进行测评，是实现测评的必要手段和有效方法。具体指标间要保持独立性，同一层次上的不同指标不能存在重叠的因果关系，不能相互交叉，更不能从一项指标导出另一项指标，否则就会影响测评的科学性和可信度。但现有的一些评价体系设置了执行主体对政策认同度的指标，而又在其他单元设置了执行人员态度指标，对于执行主体态度进行重复评价，从而使得评价结果高于或低于评价对象执行力的实际水平，最终影响评估效果。

此外，人们在指标设置方面常常会走入一个误区，就是将指标全部量化，但是从实际出发，在评价地方政府执行力时，有些指标不一定需要量化，而且有些指标根本就不能够量化。因此，在设置评价指标时要注意两者的搭配使用，谨防陷入误区。

第四节　操作流程和使用方法不当影响政府执行效能的发挥

政府绩效管理不能仅停留在对组织成员个体的考核上，而应发展到对组织整体绩效的改善，以使绩效管理遵循一套规范完整的操作流程开展。同时，程序正义是民主政治的基础，是实现实体正义的重要保证，绩效管理不仅要注重结果，更要注重过程，因为只有规范了绩效管理流程，才能使政府绩效管理杜绝或减少非透明化的操作；只有通过优化规范绩效管理实施过程中的各个环节，才能及时准确了解组织中存在的问题，确保绩效评估的结果真实、准确、可靠。此外，方法正确是开展政府绩效管理的重要保证，使用正确的方法可以使开展绩效管理做到事半功倍，反之则会事倍功半。通过观察我国的政府绩效管理，会发现还存在不重视绩效管理流程以及环节缺失、过程管理弱、绩效沟通较差以及有关方法运用能力尚需提高等问题，如前文所述，绩效管理程序上的规范是政府执行力提升的重要保证和内在要求，而以上问题在很大程度上影响了政府执行力评价的客观性和准确性，也影响了政府执行效能的发挥，主要表现在以下四点：

一是存在管理流程环节缺失、衔接不当的问题。如前文所述，政府绩效管理的全流程应当包括绩效计划拟定、绩效监控、绩效评估、绩效沟通、绩效反馈和绩效改进等环节，它要建立一个循环闭合过程，通过绩效管理让执行组织及其工作人员进一步明确要做什么、做得怎样以及下一步该怎样努力，为此需要进行长期的过程管理，而不是某一阶段的工作。但是，从我国目前政府绩效管理试点反映的情况来看，普遍存在着绩效管理行为环节不完整的现象。有的地方和部门在制定完计划目标体系后，将其分解到各个组织与个人，此后很长时间没有进行跟踪管理，而是直接进入绩效考评环节。有的地方和部门认为绩效管理仅是对公务员和相关工作人员的简单计分考核，将科学的管理流程与简单的打分混为一谈，把绩效评估等同于绩效管理的全部。有的地方和部门的绩效计划实施、绩效反馈、绩效改进等环节虽然在"工作方案"中得到了体现，但基本上没有落实到绩效管理的实际工作之中。而由于环节缺失，绩效管理的整体流程往往衔接不畅，影响了绩效管理的效果。

二是缺少有效的交流沟通。政府绩效沟通贯穿于绩效管理的整个过程，是联系政府和公众的纽带，是关系到绩效管理能否达到目的的关键因素，尤其在绩效目标计划制定、绩效计划实施和绩效评估的过程中，进行动态、持续的绩效沟通是十分必要的。从现实的情况看，政府对绩效沟通不是很重视，即使进行沟通，也是以主管人员与个人进行自上而下的单向沟通为主，同时沟通的方式比较单一，往往局限于正式沟通，主要是书面报告、定期漫谈等，非正式沟通渠道没有发挥应有的作用。

三是忽视对组织的绩效管理。开展政府绩效管理的根本目的在于确保组织意图或整体绩效目标的实现，而不是实现工作人员的个体绩效目标，

第五章 从绩效视角分析我国政府执行力的现状

或者说实现工作人员的个体绩效目标是实现整体绩效目标的必要手段。目前，政府开展的绩效管理，无论是评估内容还是工作流程设计，更多关注的是公务人员个体的绩效管理，而不是政府整体的绩效管理。比如，在政府绩效计划制定环节，主要为执行个体设置绩效目标而不是为整体设立绩效目标；在绩效评估环节，也往往是针对个人开展评估，组织的整体绩效得不到体现。

四是绩效管理的方法有待改进。运用有效的方法是提高绩效工作水平的重要保证，也是提高政府执行力的内在要求。为了保证评价结果的客观性和准确性，必须综合运用多种评价方法，将定性分析与定量分析相结合、传统方法与现代方法相结合。目前，我国在绩效评估的技术方法运用上，仍然没有完全脱离传统行政效率测量和干部政绩考核的思路，要么单纯凭借评估主体的主观印象、经验和感情等，要么仅运用具体的、客观的数据定量分析方法。此外，不少先进的管理理念和方法如关键绩效指标法、平衡计分卡、标杆管理、全面质量管理等应用较少，有待进一步推广。

第五节　公众参与渠道不畅抑制政府执行力的提升

绩效管理必然要求公民作为评估主体参与其中，这其中有其深刻的必然性，主要考虑有：一是公民参与政府执行力评估不但是绩效管理的基本原则，而且也反映了政府绩效管理的价值。政府执行力评估体现了政府工作的本身属性，有着强烈的价值属性，我国政府是为民服务的政府，必然要求我国政府绩效管理要突出"以顾客为导向"，并将提高公众满意度作为政府绩效管理的出发点和落脚点。二是公民参与政府执行力评估是政府加强其回应性的具体表现。政府回应是政府与公众的双向互动过程，公民参与评估过程可以增进公民对政府的了解，从而增加对政府的信任。三是公民参与政府执行力评估有助于政府提高服务水平,公众参与绩效管理对政府起到激励和约束作用,敦促政府及其工作人员更好地履职,从而进一步提高公共服务的质量。

目前各地开展的以公众参与为主的政府绩效管理活动,客观上拓展了公民参与政府管理的路径和渠道,也对政府及其工作人员增强责任感以及提高公共服务质量起到了督促作用,但总体效果还不尽如人意,没有达到预期的目的。如前文所述,政府执行力评估的价值理性与工具理性的整合,客观上要求将提高公民满意度作为政府绩效管理的出发点和落脚点,同时公民参与政府执行力评估也是政府加强其回应性的具体表现,公民参与绩效管理方面出现了偏差也会直接影响执行主体与执行客体的交流互动,增加执行的难度。此外,政府执行力建设的合法性是以政府执行力建设行为被民众所认同和支持为前提的,而政府绩效管理是向民众展示政府活动成效的机会,通过向民众展示政府执行力建设各项指标的运行状况,有利于公众对政府活动的监督。若公民参与政府绩效管理不充分、不深入,民众对政府的认同感和支持率就难以保证,时间长了就会危及政府的合法性基础。公众参与政府绩效管理存在一些不完善的地方,主要有以下几个方面:

一是公众参与绩效管理的意识薄弱且动力不足。当今世界上,公众参与意识冷漠现象已不同程度地成为各国的难题。在传统的管理过程中,政府总是利用其强势的政治权威进行从上而下、单向的行政治理,而公众也习惯于政府提供什么就被动地接受什么,并且中国古代"恪守庶民不预政务"的传统政治文化的影响延续至今,造成了公众对政府行为的冷漠和顺从心理,即使他们有什么需求和不满,也只习惯于在下面发发牢骚,少有参与政府管理的意识。此外,公众参与我国政府绩效管理缺乏一定的动力。"利益的自我实现性源于人的需要的自我满足,任何主体的需要,从其产生的那一刻起就带有自我满足的动力基因和目标指向。"[①] 就公民参与政府绩效管理而言,其动力主要有三种来源:第一种是从使命感和责任的角

---

① 刘贵忠. 政府服务的公众满意度测评研究 [D]. 湘潭大学硕士学位论文,2005.

度考量公众自觉参与政府绩效管理;第二种是受利益驱使,即为了实现特定的个人或集体利益而参与政府绩效管理活动;第三种则是一种被动的、强制的参与,这是由于政府为了营造民主的氛围,故作民主的姿态,强制要求公众参与政府绩效管理[1]。而当今我国公众参与政府绩效管理的实践表现出使命感不足,受利益驱动的参与显得"激烈无序、左右摇摆"。这样公众往往抱有"搭便车"的心理,希望通过别人的参与而分享他人参与的结果,公众参与绩效管理的动力严重不足。

二是公众参与政府绩效管理的制度化及规范化程度不高。"公民的参与状况与其所在国家或地区的政治环境直接相关,特别是国家的政治制度和政治当局的民主精神。公民参与必须有相应的政治制度保障和政治宽容精神,否则就难以有真正的公民参与。国家的政治制度为公民的参与提供合法的渠道、方式、场所,并且当公民的参与行为受到非法侵害时,应当保护公民的正当参与权。"[2]一般来讲,西方国家的公民参与往往有一整套制度保障,如美国的《政府绩效与结果法案》以及英国政府的《公民宪章》《政府现代化白皮书》等,都在法律层面确立了公众在政府绩效管理中的地位和作用,为公众参与政府绩效管理提供了有力的制度保障。而与西方国家相比,虽然我国的基本社会制度和《中华人民共和国宪法》为公众参与政府绩效管理提供了保证,但实践中却没有统一的法律法规对公民参与绩效管理做出明确规定,公民参与的重要性不明确,公民参与的具体渠道、具体方法等制度都不健全,公众参与政府绩效管理具有很大的随意性。

三是公众参与政府绩效管理的范围和程度有限。政府的绩效管理是一项系统工程,一般包括计划、沟通、执行、结果运用等环节。要充分发挥公民参与的作用,公民就必须参与到绩效管理的各个环节中。但对照我国目前一些政府的实践做法会发现,公众在政府绩效管理中扮演的角色单一、介入的评议环节偏少,直接决定了公众参与绩效管理的总体影响力极为有限。这主要表现在:在拟定绩效计划阶段,有的政府制定绩效目标并

---

[1] 曾博函. 公众全过程参与我国政府绩效管理问题研究 [D]. 大连海事大学硕士学位论文, 2011.
[2] 俞可平. 十八大之后的中国——改革关键期 [J]. 社会主义研究, 2013 (2).

绩效视角下我国政府执行力提升研究

没有充分考虑公民的需求，或者与公民的需求没有有效对接；在实施阶段，政府的信息公开程度不高，绩效开展的情况、预算执行情况等信息都没有向公众公开，另外公众获取绩效管理信息的具体渠道和路径并不多，制约了公众参与绩效管理的水平；在绩效评估阶段，由于政府评估往往是政府评估主体一家独大，公众参与的范围和方式有限，即使公众被邀请参与绩效评估，公众参与所占的权重、数量等仍然存在不足；在绩效反馈阶段，公众参与的意见往往被忽视，有的政府往往根据自己的需要对公众参与评估的意见任意取舍，而不与公众进行良性的互动与沟通，不及时对公众参与测评的意见进行反馈并进行有效的绩效改进，使得公众参与政府绩效管理的持续性难以保证。

四是公众参与政府绩效管理的方式方法尚需进一步丰富。西方国家公民参与政府绩效管理实践中大量引用企业的"顾客需要满意程度模型""期望—实绩理论模型"等理论模型，公民参与在绩效评估指标的设置、结果的运用等方面的技术渐趋成熟，而我国公民在绩效评估指标设计、评价因素及指标的分类计量等方面尚在摸索阶段，技术运用比较粗放，而且公民参与政府绩效管理方法较为单一，多是发放调查问卷等形式。同时，有的政府在设计公民参与绩效评估指标时，定性的指标较多，定量的指标较少，指标大多集中在一些直观感受方面，所以公民在评价政府时，往往要凭直觉或感受做出反应，这也导致公民的评估结果出现随意性甚至情绪化的现象。有些评价指标虽然在形式上可以定量，但在实践中缺乏具体的准确描述，公民对评价有关内容并不了解，评价结果往往体现了直观的心理感受，带有极强的个人主观色彩，评价结果的可信度和有效度有待推敲。

第六节　结果运用不充分损耗政府执行力的功效

西方国家推行政府绩效管理的核心理念在于以"顾客"为中心、以

第五章 从绩效视角分析我国政府执行力的现状

"结果"为导向,新公共管理运动最核心的观念是为结果而管理,而不是仅关注政府管理的投入与过程。刘旭涛认为,"政府绩效考评结果应用是政府绩效管理机制效能发挥最为关键的环节,是政府绩效管理机制长久生命力的保证,也是绩效管理的真正内涵所在"①。可见,绩效管理结果的运用对于绩效管理而言十分重要。随着我国绩效管理实践的深入推进,不少地方和部门对于绩效管理结果的利用与管理也逐渐重视起来,比如有的地方和部门将结果应用于经济奖励,这是绩效评估结果运用的最普遍的做法;也有一些地方把评估结果作为优化组织机构的依据;还有的把评估结果与组织整体绩效挂钩,对评估结果进行排名并予以公布;还有的探索了绩效预算和绩效审计的做法。但是总的来说,当前对评估结果的利用与管理还存在着问题,绩效结果的运用有时是雷声大雨点小,政府的履职能力并没有产生预期的提升效果,或者出现表象绩效与实质绩效的巨大反差。如上文所述,"政府绩效考评结果应用是政府绩效管理机制效能发挥最为关键的环节,是政府绩效管理机制长久生命力的保证,也是绩效管理的真正内涵所在"②。同时,笔者认为,政府绩效管理作为提升政府执行力的基础工程、有效规范和约束政府执行行为的重要措施,其基本立足点也在于绩效评估结果的管理与使用。所以,绩效评估结果的管理和使用出现了问题,将直接影响政府执行的功效,也可以说,这是影响政府执行力提升的重要绩效症结。具体问题体现在以下方面:

一是绩效结果运用的急功近利导致人们对绩效管理的抵触。在我国近些年的绩效管理实践中,有的地方急功近利,不分领域、不分场合地推行"一票否决""末位淘汰"等激进的做法,达不到通过绩效管理改进政府效能的目标。这样的做法,一方面,对执行个人而言,没有有效激励工作人员的积极性,反而使执行个人对绩效管理产生抵触和畏惧心理;另一方面,对执行组织而言,这样的结果运用会引发部门之间的不良竞争,对于进一步发现问题、解决问题,进一步改进工作绩效,没有实际意义。

二是着重物质奖励,忽视长远发展。基于绩效的奖励能够为政府工作

---

①② 刘旭涛. 如何推进政府绩效管理(互动天地)[N]. 人民日报,2013-07-03.

人员努力工作提供动力。但在实践中,政府绩效评估结果往往与物质奖励挂钩,而精神奖励比较薄弱。不少地方将评估结果直接与奖金挂钩,造成了严重的误导。如有的地方设立党政管理绩效评估专项奖励基金,对被评为优秀的评估对象给予现金奖励,其中20%奖励主职领导,30%奖励班子成员(含主职领导),50%奖励单位在岗在编工作人员(含班子成员),但没有根据绩效评估结果将部门的绩效与部门下一年度的预算挂钩、与公务员的薪酬和职位变动挂钩,只注重对结果运用的物质奖惩,忽视了员工与组织能力的提高,更是很少将绩效评估结果运用于改善政府绩效活动,缺乏对考核结果的进一步分析,缺乏与考核对象的进一步沟通,以及有针对性地开展培训教育①。特别重要的是,政府为社会提供的不仅有物质服务,还对社会进行了公共精神的感召,如果将绩效评估结果仅与物质激励挂钩,容易诱导公务员只追求个人利益而弱化公共责任意识的培养,这与我国服务型政府建设中亟待树立公共精神和强化服务意识是极不协调的。

三是奖重罚轻或问而不责现象比较普遍。很多地方明确规定,把政府绩效管理结果作为行政问责的依据。但在实践中,却普遍存在着奖重罚轻或问而不责的现象。比如,有的地方将年度得分达总分的80%的单位认定为达标单位,所有达标单位全部获奖,而对不合格单位,只是要求书面说明原因,并没有所谓的惩罚措施。比尔·仇(Bill K. P. Chou)指出,在绩效评估中,超过99%的公务员被评为了"优秀"或者"称职"等次,几乎所有的公务员都被给予了某种绩效工资和奖励,由此导致追求更高绩效的动机降低了②。同时,我国的政府绩效问责机制仍然缺乏一种内在的驱动力,没有从政府内部形成一种"违法即追究""失职即问责"的问责体系,没有从源头形成强大的行政问责约束力。百姓将这种"问责"形容为"板子高高举起,轻轻落下"或举而不落,被处罚者不痛不痒。

四是政府绩效结果及其运用不够公开透明。从实践情况来看,大多数

---

①② 薛刚,薄贵利等.服务型政府绩效评估结果运用研究现状、问题与对策[J].国家行政学院学报,2013(2).

省、区、市关于开展政府绩效管理的实施意见、工作方案、试行办法等都明确要坚持公开的原则,但如何公开、公开到什么程度并没有明确规定。比如,有的地方往往将绩效管理结果仅在党政系统内部或一定范围内进行通报或公布,并不向公众和社会公开。有的地方政府提到了绩效结果向公众和社会公开的问题,但在公开范围、公开形式、公开前报批程序等方面加以限制。以上情况反映出政府绩效结果及其运用还是在封闭或半封闭的状态下运行,这种状况与服务型政府所倡导的政务公开的要求不一致,也导致人们对绩效管理的公信力、满意度并不乐观。

五是对绩效结果的利用具有很大随意性,缺乏制度化保障。绩效结果出来后,由谁去分析和改进反映出来的问题、通过何种方式去运用绩效结果、对绩效结果的利用达到何种程度,必须从法律层面上加以确定和保障。目前的状况是,各个地方、各个部门随意性很大,缺乏一套完整的工作流程,这样绩效结果就不能很好地落到实处。同时,绩效管理使用也缺乏相应的配套制度,比如奖惩机制、晋升激励机制等,加上评估结果的利用和管理相对封闭,绩效的结果几乎无法落实。

第七节 绩效管理制度缺位束缚政府执行效能的发挥

政府绩效管理法治化有助于以法律的形式巩固政府改革成果,减少政府绩效管理的主观性、随意性、盲目性,减少人为因素的干扰和防止权力滥用,实现从无序到有序、从不规范到规范、从不完善到完善、从作用有限到作用充分发挥的转变。作为政府自我约束、自我完善、自我追求良治的一种手段,绩效管理在许多国家的实践中取得了较好成效,并且政府绩效管理法治化已成为许多国家发展绩效评估制度的一种趋势。例如美国的《政府绩效与成果法案》(GPRA)、英国的《地方政府法》、日本的《政策评价法》、韩国的《政府绩效评估框架法案》、澳大利亚的《公共服务法》

和《财务管理与责任法案》,都以法律的形式要求政府部门进行绩效评估,并对相关程序做了符合本国国情的法律规定,取得了显著成果,有效地推动了政府绩效管理的普遍适用,也呈现出政府绩效管理的法治化、规范化和常态化的趋势。然而,通过检视我国实施绩效管理的地方政府现状,笔者发现绩效管理法治化还不充分,离人们的期望还有一段不小的差距。如前文所述,对提升政府执行力建设而言,绩效管理的一项很重要的功能在于确立了一个持续的信息反馈和改进机制,通过此项机制,能够比较全面客观地把握一段时间以来政府管理过程中的相关情况,既可以掌握了解政府内部人员数量与质量、执行人员的素质、执行资源的丰富程度、执行机制的运转等静态情况,也可以了解政府执行任务的执行状况、执行目标的实现程度以及民众对政府执行行为的评价和感受等动态情况,从而进一步完善工作、提升执行成效。而绩效管理法治化方面的缺失导致政府执行的绩效评价机制不稳定或很随意,绩效管理难以持续、平稳地反馈政府执行力方面的现状或存在的问题,从而影响了政府执行力的提升。其主要问题表现在以下方面:

一是缺乏关于政府绩效管理的整体性法律法规。美国于1993年制定了《政府绩效与结果法案》,该法案明确规定了绩效管理的法律地位,确立了绩效评估部门的职权、地位以及评估的范围和方式,把绩效计划与评估结果和财政资金分配相挂钩。英国、新西兰、澳大利亚等国家也有类似于GPRA的做法存在。但在我国,笔者发现绩效管理的主要依据就是政府的"红头文件",而没有相关法律对政府的绩效管理相关活动进行说明和规定,以致有的政府在开展绩效管理活动时缺乏必要的法律依据和保障。此外,对于绩效管理"为什么评价、评价什么、何时评价、怎样评价"这几个问题的认识很不统一,各地在各自的实践探索过程中对于绩效管理相关的体系标准、内容设计、主体构成也几乎都是围绕着当时的政府需要而定,既无客观衡量标准,更缺乏制度化参考。在这种现实情境下,政府绩效管理往往呈现短期性、不稳定性、自发性的特征,有的地方更是将绩效管理视为形象工程,流于形式,急功近利。而这些情况的出现,其基本原因是没有将政府绩效管理的有关经验上升到法律层面,抑或是立法层级较低,未能使政府绩效管理法治化,未能形成一种良性互动的常规化评价机制。

二是缺乏绩效管理程序方面的保障法律。绩效管理是过程与结果的结合,而非单纯的结果管理,特别是绩效管理所遵循的基本程序是确保政府绩效管理的科学性、准确性。我国在政府绩效管理法制建设上明显地表现出重实体轻程序的特点,从零散在各处的绩效管理和评估法律条文中,几乎找不到程序性方面的条款,有关绩效管理步骤、方法等程序立法几乎处于空白状态。由于缺乏关于绩效管理程序方面的规范,有的地方随意开展绩效管理甚至越权开展绩效管理等现象时有发生,影响了绩效管理的合法性,也违背了政府运用绩效管理的方法来提高执行效率的初衷。因此,政府绩效管理应该由统一的程序来规范,使整个绩效管理过程都能做到有法可依。

三是缺乏有效的绩效管理监督机制。党的十八大报告明确提出:"要建立健全权力运行制约和监督体系。要确保决策权、执行权、监督权既相互制约又相互协调,确保国家机关按照法定权限和程序行使权力。"目前,我国绩效管理过程既缺乏监督,又带有明显的封闭性与神秘性。特别是在传统官僚体制的行政管理模式下,评价多以官方为主,评价权力主要掌握在上级组织和本级有关部门负责人手中,缺乏外在力量监督。虽然一些地方政府已不同程度地进行了政务公开,但其中许多公开的信息都难以如实反映政府执行的进展情况,从而使公众正确评价政府执行力缺乏实践上的前提。

四是有关绩效管理的救济制度不完善。依据《中华人民共和国行政诉讼法》的规定,内部行政行为,如行政机关对其工作人员的奖惩、任免决定等,都不属于该法的受案范围。但是,有些内部行政行为虽然不影响行政相对人的权益,但对公务员或其他公职人员的权益影响较大,如行政处分(包括对其人身权、财产权进行一定限制)。对这类内部行政行为,应该建立起一套完备的救济制度①。有权利就必然有救济,没有救济就没有

---

① 胡税根,金玲玲. 我国政府绩效管理和评估法制化问题研究[J]. 公共管理学报,2007(1).

权利，绩效管理结果的运用往往涉及政府工作人员的合法权益，影响到工作人员的升迁等，特别是有的地方推行"一票否决"做法，造成有的工作人员连申诉和改正的机会都没有。"一个人权利的有无不仅取决于它是否会受到侵犯，更取决于它受到侵犯之后能否有完善的救济途径得以使侵害结果最小化"①。因此，在政府绩效管理法制化建设过程中，完善公务员或其公职人员的权利救济制度不仅是保障其合法权益的客观要求，也是推进我国依法治国、依法行政的题中之义。

第八节 绩效文化建设滞后侵蚀政府执行力的效果

目前，在研究政府执行力方面，人们可能更多地关注一些显性因素的影响，并没有注意到一些隐性因素对政府执行力的牵制，特别是行政文化对政府执行力的潜在影响。行政文化是文化在行政管理中表现出来的一种独特的文化样式，是一定行政组织中行政人员集体创造并公认的文化，是行政物质文化、行政制度文化和行政精神文化的有机结合的整体，其内容主要包括行政理念、行政价值观、行政伦理、行政传统等几个方面②。一般来讲，一是行政文化影响政府执行的价值取向。在政府执行过程中，行政文化对行政组织和行政工作人员的价值取向和行为方式起着引导性作用，通过不断向执行主体的个人意识进行渗透和内化，使行政主体自觉或者不自觉地以此作为行政行为的选择标准和依据，进而影响了政府执行力的整体价值取向。二是行政文化影响政府执行方式的选择。政府的执行方式主要包括思想引导手段、行政手段、法律手段、经济手段等。在实际的执行过程中，由于行政主体的行政理念、习惯、意识等不同，其对政府执

---

① 胡税根. 公共部门绩效管理 [M]. 杭州：浙江大学出版社，2005.
② 郭济主. 行政哲学导论 [M]. 哈尔滨：黑龙江人民出版社，2003.

行手段的选择和运用能力也不尽相同。一般而言，在开放、科学、法治的行政文化影响下，政府执行主体偏向于经济、法律、行政命令三者相结合的执行方式，而在封闭、保守、僵化的行政文化形态影响下的执行主体，会带着家长制和官僚主义的管理经验[①]。三是行政文化影响政府执行效果的实现。从行政文化的视角对政府执行力的效能进行分析，不难发现行政态度、行政习惯等对政府执行力的实现效能、效率有很大的关系。积极的行政文化对行政主体提升政府执行力具有一定的激励作用，可以为执行个体或执行组织提供目标引导和精神支柱，以此来提高人的主观能动性和积极性，进而提升政府执行者的执行力。而官僚主义、形式主义等行政文化容易导致人浮于事、办事拖拉、不讲效率、互相推诿等不良行政现象盛行，执行目标往往难以实现或者实现效率低下。

绩效文化作为积极行政文化的重要组成部分，是政府绩效管理存在的精神之源、动力之源、发展之源。然而，我国绩效文化建设相对比较滞后，数千年积淀下来的传统行政组织文化至今依然作用于行政体制和行政运行机制，有的地方和部门组织文化呈现出一定的封闭性与排他性、重形式轻效率、重人治轻法治、重权威轻民主、重集权轻分权等特征，在很大程度上降低了政府执行的效力。这具体表现在以下几个方面：一是行政文化的自利性销蚀了政府执行力的公共性。以自利主义为特征的行政文化，以个人或者小团体利益为考虑问题的中心，不顾公共利益或整体利益。过度自利主义往往导致政府执行部门之间相互推诿、执行人员之间争功诿过，处处以自我利益为一切问题考量的基点，有的甚至为维护部门或个人利益而不惜抵触或对抗中央或上级有关精神与指示，阻碍了中央的方针政策在全国的整体有效性。二是行政文化的僵化性制约了政府执行过程中的积极性。僵化的行政文化是一种忽视创造性、缺乏灵活性的行政文化，是进行管理体制和方式方法创新的阻碍因素，也是导致行政决策执行走样、执行效果不佳等问题的重要思想根源。受僵化行政文化的消极影响，一些政府部门或人员在实际操作过程中，或把中央或上级的决策、指令当教

---

① 杨栋. 行政文化视角下地方政府政策执行力问题研究 [D]. 湖南大学硕士学位论文，2012.

条，或机械地理解中央与上级的决策、指令，或在执行手段或技术的选择上墨守成规，从而阻碍政府执行力的提升。三是行政文化的全能性阻碍了政府执行资源的合理配置。全能型行政文化是一种以政府为中心，无限制地对社会、经济、文化等每一个领域和社会中的每一个阶层进行控制为特点的行政文化。在全能型行政文化的深刻影响下，政府的职能、规模、权力无限制地扩张，政府管了很多"管不了""管不好"和"不该管"的事，但这些事却耗费了政府很多执行资源，影响了政府对"管得了""管得好"也"必须管"的那些政策的有效执行，从而降低了政府执行力的强度。四是行政文化的专制性导致了政府执行对行政手段的依赖。在专制型行政文化和人治主义的影响下，执行主体在执行的过程中习惯性地以自我为中心，极重视自我的权威，把管理看作是管制甚至统治，通过指示、命令等行政方式，对公民、企业以及其他社会组织的行为和思想在时间和空间上进行严格的控制和规定，而忽视执行对象的知识水平、认知能力和心理承受能力等实际情况，引发执行客体的反感。五是行政文化的官僚性降低了政府执行问责的有效性。受传统文化的影响，部分行政人员公共意识薄弱，"官本位"的现象较为普遍，"官念"尤为强烈。这种文化对政府执行具有很强的负面效应，一方面，设置过多的官僚层级，在一定程度上阻碍了行政信息的上传下达，导致政策的制定和实施之间存在着较长的时间差，增加了政府执行的时间成本；另一方面，官僚等级制导致在政府执行的过程中，缺乏民主性、参与性、公共性，形式主义、经验主义盛行，严重影响了政府执行主体积极性的发挥，继而影响了政府执行力的有效提升。

第六章 国外政府绩效管理与政府执行力建设的经验和启示

第一节 国外关于政府绩效管理及执行力建设方面的实践探索

20世纪70年代以后，面临财政、信任危机的西方国家政府及时借鉴企业经营管理的理念、方法和机制，力图提高政府运行效率。美、英等国率先在政府部门实行绩效管理并取得了初步成效，随后发达国家相继采用了绩效管理的改革措施，规模越来越大，方法越来越成熟，另外，公共组织绩效评估在亚洲方兴未艾，鉴于各国政府对绩效评估的追捧，西方学者惊呼"评估国"正在取代"行政国家"。纵观40年来政府改革与公共管理创新的历史，绩效管理作为优化政府管理的现代化手段和公民社会与政府进行深入合作的有效方式，已经在越来越多的国家和地方政府得到应用与推广，成为政府改革大潮中的亮点。

一、美国的探索

美国较早在公共部门中引入绩效管理工具。1906年纽约市成立了市政研究局，1912年联邦政府成立了经济与效率委员会，以探索提高政府效率的途径。1928年受科学管理理论影响，美国成立了全国市政标准委

绩效视角下我国政府执行力提升研究

员会,为政府服务效率的提高做出了贡献。1950年美国国会通过了《预算与会计程序法》,从而在联邦政府的所有部门建立了绩效预算。虽然美国很早就开始探索提高政府效率之路,但之前的研究一直比较零散,没有全面开展绩效评估。直到1993年,克林顿执政时期,美国的政府绩效评估工作才获得重大的突破。一是民间机构公开评价政府工作,进而促使政府主动开展绩效评估活动,"坎贝尔研究所"就是一个典型的代表。1998年,该研究所对美国的50个州政府展开了大规模的绩效评估活动,评估的内容包括五个方面:财政管理、人事管理、信息管理、领导目标管理和公益事业管理,这种由民间机构测评政府绩效并公布分数和名次的做法引起了轰动。二是面对公众对精简政府机构、强化对政府监督以及提高政府工作效率的要求,克林顿政府大力推动美国的政府再造运动,制定了《政府绩效和结果法案》(GPRA),该法案主要陈述了以下六个方面的内容:第一,阐述绩效改革立法的目的和意图;第二,制定战略规划(五年);第三,制定年度绩效计划和绩效报告;第四,强调管理的责任和灵活性;第五,实行新的绩效预算(不同于20世纪70年代之前的强调经济效率的绩效预算);第六,重视国会的审查和立法。通过该法案的实施力图帮助联邦政府改善服务质量,改进联邦政府的内部管理。同年,克林顿宣布成立了由时任副总统戈尔亲自挂帅的"国家绩效评审委员会"(NPR),委员会的宗旨是审视政府工作、促使政府提高绩效。该委员会于1993年9月发布了《从繁文缛节到结果导向:创造一个花钱少、工作好的政府》,即著名的《戈尔报告》,标志着美国政府再造运动正式拉开序幕。此后,NPR不断推动政府再造,其中很多措施和绩效评估密切相关,例如:绩效协议——总统与部长、各独立机构签订绩效协议,各独立机构进而可以与其下属机构的官员签订类似的协议,协议与个人绩效评估和薪酬挂钩,从而形成一个庞大的绩效评估体系;顾客服务标准——各行政机构建立所需提供的公共产品和服务标准,并不断改善,类似我国提出的"社会服务承诺制度"[①]。

[①] 崔连波. 美国政府绩效评估的实践及其对我国的启示 [D]. 山东大学硕士学位论文, 2006.

布什总统继任之后，继续重视政府绩效评估工作。2001 年 8 月，布什政府开始推动总统管理计划，提出五大政府改革方向：①实施人力资源管理战略，改革公务员制度，建立和完善结果导向的绩效评估体系，奖励有卓越表现的人员，以吸引更多的人才从事公共服务；②推行竞争性采购，以节约政府成本，提高绩效；③加强绩效审计，强化政府责任；④发展电子政府，增强政府的回应性；⑤强调绩效与预算紧密挂钩，从资源配置方面推动部门绩效的提高。这五个方面相互补充，承袭和丰富完善了《政府绩效和结果法案》设计的相关绩效管理制度。自 2002 年开始，美国总统管理与预算办公室（Office of Management and Budget，OMB）将绩效理念引入政府预算，形成了以绩效为导向的政府预算，其主要特点是运用项目分级评价工具（Program Assessment Rating Tool，PART），对每个联邦项目的绩效情况进行评估，在此基础上寻求改善项目绩效，实现项目绩效评价与项目预算控制的有效整合[①]。通过持续改革，如今在美国联邦和各地方政府中，全面质量管理、标杆管理、无缝隙政府、全员优化、公私竞争等绩效管理新措施正处于实践中。2010 年，奥巴马政府继续推动绩效管理的改革，签署实施了一项新的法律《政府绩效与结果现代化法案》，在白宫设立了首席绩效官，并要求各联邦机构都设立首席运营官和绩效改进长官，推动绩效改革不断深化。

二、英国的探索

1968 年，富尔顿委员会提交了有关文官制度改革的方案，拉开了英国行政改革的序幕。自 20 世纪 70 年代以来，由于英国经济面对"滞胀"的困扰，各级政府面临着严重的财政危机、管理危机和信任危机，撒切尔夫人上台伊始就开始在英国将绩效考评引入政府系统，并开始了大规模的实践，大力推行行政改革。1979 年，撒切尔夫人开始对传统公共行政体制

---

① 武国，翟艳敏. 美国项目分级评价工具（PART）及其对我国开展绩效审计的启示 [EB/OL]. http://www.audit.gov.cn/n1992130/n1992150/ n1992576/2550979.html.

进行了一系列以新公共管理为主题的改革运动,以改变人们对政府预算及效率的不满。撒切尔十分赞赏私营部门的管理方法和手段,积极借用私营部门的管理理论。1979年,撒切尔政府推出了"雷纳评审",对各级政府绩效进行大规模的评估,评估的重点是经济和效率,调查政府工作中导致效率不高的因素,发起了反对浪费和低效率的改革运动,并取得了丰硕的成果。除"雷纳评审"外,撒切尔政府还推出了"部长管理信息系统",由时任环境大臣赫塞尔廷在环境部建立部长管理信息系统,通过建立目标责任制度、依目标分配资源的制度、依目标进行绩效评估的制度、全面信息的反馈制度等向部长提供全面的行为信息。1982年英国财政部颁布了"财务管理新方案",该方案要求各部门进行目标陈述和以"3E"为内容的绩效评估,并放松对下级部门的预算控制。这为政府绩效评估提供了财政制度上的支持,其实质是实行以结果为导向的绩效管理。这一时期,绩效评估广泛地应用于公共部门,绩效指标数量大幅度增加,评估工作逐渐规范化。

伴随着政府开支的减少,以经济和效率为中心的绩效管理导致公共服务质量下降,引发公众不满。1991年,为了重新赢得公众的信任,梅杰政府推动了"公民宪章运动",要求所有公共服务机构将服务的内容、标准、程序和责任等以宪章的形式向公众公布,接受公众的监督。此后,旅客服务、患者服务、乘客服务等具体宪章以及《公民宪章》《公民宪章指南》等文件相继颁布实施,标志着公民宪章运动成为20世纪90年代英国政府改革和政府政策的核心。同年,梅杰政府还发表《竞争求质量白皮书》,进一步要求提高服务质量和顾客的满意度,政府管理活动通过市场来检验,以此做出考核和评估。

1997年,布莱尔政府将"更好地制定政策、更好地回应公民的需求、更好地提供公共服务"确定为深化行政改革和绩效管理的指导思想。1999年,布莱尔政府发表《政府现代化白皮书》,提出政府改革方针,涉及公共服务内容的有三项,即政策制定不仅着眼解决短期问题,还需要更多长远的"合作与战略";应更关注公共服务顾客的需要,而非提供者的便利;持续地提高质量和效率。1999年布莱尔政府颁布新的《地方政府法》,确立了最佳评价制度,强化了对地方政府的绩效管理。2002 年,审计委员会出台地方政府综合绩效评估体系基本框架。2003 年,颁布了新的《绩效审计手册》,英国绩效评估工作进一步制度化、科学化和规范化。2005 年,审计委员会公布全新的 CPA—The Hard Test(综合绩效评估——更严格的检验)。2009 年,在 CPA 的基础上推出了新的综合领域评估基本框架。

英国的改革持续了 30 多年,历经两大党派三届政府,但政府改革始终不断地向前推进,政府绩效管理始终得到重视并广泛应用,改革取得了显著成效,不仅政府的范围和规模缩小,政府运行效率提高,而且在公共部门中形成了良好的绩效文化,建立了一个更有效率的政府管理体制。

三、加拿大的探索

加拿大政府的绩效评价工作始于 1977 年,以财政委员会发布《关于部门机构项目绩效评价的政策通知》为标志。经过了 40 余年的运转、调整与磨合,该国的政府绩效评价制度从设计理念到制度框架,从组织构架到实施方式,都可为我国相关制度的设计提供启示[①]。

一是理念先进,设计精巧。加拿大政府绩效评价制度的设计跳出了绩效评价的框架,是站在政府绩效管理的立意之上来设计其绩效评价制度的。加拿大政府认为先有问责制的诉求,接下来才有政府绩效管理制度体系的回应性设计,而绩效评价制度则是绩效管理制度一个必不可少的重要组成部分。这种逻辑关系使得其绩效评价制度同整个政府日常运转的制度体系浑然一体,也使得绩效评价不只是为评价而评价,不只是为监督而评价,而是上升到为提升整个政府服务水平和服务质量而评价的高度。

二是制度系统环环相扣。加拿大现行绩效评价制度框架由三套制度构成:管理问责制框架、支出审查流程和议会报告体系。管理问责制框架,实质上是加拿大政府行政机构进行绩效管理的工具,要求联邦部门和机构

---

① 本节参见:程北南. 加拿大政府绩效评价制度及其启示[J]. 上海金融学院学报,2013(3).

以治理和战略方向为引领,通过领导层对于公共服务价值的关注和具体管理者学习、创新与变革管理来实现一定的结果和绩效,在政策层面主要关注政策和方案、人民、以公民为中心的服务,在操作层面则主要关注风险管理、监管和问责;为了实现预定的最终结果并保证绩效,副部长们要制定基于防范风险的绩效评价计划,开展框架内的有关方面评价工作,从而形成了部门内部强有力的绩效评价职能。支出审查流程,主要是促使联邦部门从成本—收益的角度去认真思考并测算政策、方案和措施等的预期效果是否能与为之付出的成本相匹配,并使用七条标准来评估具体项目和政府开支,从资金的层面规范了行政机构的绩效管理。议会报告体系,则是在政府的立法机构和行政机构之间架起了监督制约的桥梁,基于服务人民的最终目的,议会要求政府所提交的报告正面回答上年度工作目标的绩效实现程度。以上三套制度也极大地拓宽了绩效评价的舞台,利用现有的机构体系为绩效管理工作的开展提供全方位的支持。在这种情况下,绩效评价已经成为打通行政机构内部事务运作和资金运转的关键制度,也成为打通行政机构和立法机构沟通环节的重要制度。

三是工具先进,实施科学。为了提升议会报告的质量,在财政委员会秘书处的主导之下,加拿大的联邦部门、机构和部分皇家公司从2003年12月起,开始逐步建立各自的部门项目行动体系,其基本架构包括战略产出、成本计划目录、绩效衡量策略和措施以及部门管理框架四大要素。其中,战略产出一般都进行明确而恰当的界定,因而能够较为准确地反映该组织任务;成本计划目录则将项目活动同战略产出紧密结合在一起,并完整详尽地列明细节;联邦部门内部每个层级的单位都必须在项目行动体系中提出明确的绩效衡量策略以及相应的衡量措施;部门管理框架需要在其项目行动体系中加以明确,以此来明确有关最终产出和项目行动的责任。此外,联邦部门内部还通过部门绩效评价计划来对评价工作的具体方案进行平衡和聚焦,对部门内绩效评价工作进行统筹安排等。

第六章 国外政府绩效管理与政府执行力建设的经验和启示

四、韩国的探索

韩国政府第一项真正意义上的绩效管理制度是1994年出台的"政府业务评价制度"。2000年之后，随着韩国政府绩效管理的多元化发展，又陆续出现"成果管理制度""职务成果契约制度"和"责任运营机关制度"等绩效管理制度，它们都发挥了各自的作用。中韩两国虽然社会制度不同，政府绩效管理也存在差异，但它们同属东亚国家，在地理上相邻，有着相近的传统文化，再加上两国之间的往来越来越密切，所以两国在政府绩效管理的制度设计上可以相互借鉴。具体而言，韩国绩效管理制度有以下几种[①]：

一是政府业务评价制度。政府业务评价制度是韩国政府绩效管理体系中最为核心的制度，也是最早被引入且发展最完善的，它是针对地方与中央政府的一项绩效评估制度。它的目的是综合评价分析政府业务的发展状况和执行结果，把结果反馈于执行过程，并订立今后的工作计划。政府业务评价的种类及对象主要包括：①中央行政机构评价，即43个中央行政机构（包括所属机构）把自行选定的业务根据评价基准实施自我评价，政策评价委员会综合评价中央行政机构的业务推进内容及成果。②地方自治团体评价，即16个自治团体把自行选定的业务根据评价基准实施自我评价，中央行政机构评价地方自治团体执行的国家所委任的事务、国库补助事业、国家主要政策的贯彻执行情况等。③特定项目评价，主要评价国民关心度高或当前国家、社会关注的事项和问题。政府业务评价制度采用各行政部门的自我评价与政策评价委员会的上位评价相结合的方法。另外，各部门分季度检查主要业务执行计划的推进业绩，并于每年的4月和10月整理汇总每半年主要政策推进业绩的情况，把汇总结果向政策评价委员

---

① 本部分内容参见郑准镐. 韩国政府绩效评估制度的发展演变[J]. 行政管理改革，2015（2）；汪菁，朴钟权. 韩国政府绩效评估制度及其对我国的启示[J]. 理论与改革，2006（5）。

会报告。政策评价委员会则实施半年一次的上位评价,检验执行状况,公开其评价结果。

二是责任运营机关制度。责任运营机关制度是一种为了保障责任运营机关负责人的独立性和自律性,给其成果赋予责任,谋求提高行政效率和行政服务质量,并以成果管理为基础的制度。在韩国,从2000年开始以政府组织中具有事业性、执行性为特征的机关为对象,引入和运营此项制度,从2006年5月开始,厅级中央行政机构中的特许厅也被指定为责任运营机关进行运营。一般来看,除国家核心政策决策机关之外,负有执行功能、规制功能和事业性功能的所有机关都被列入责任运营机关的范围;责任运营机关的权利权限由某一特定机关委任的,作为代理人被要求实行严格的成果管理;大部分的责任运营机关以独立核算制为基础运营,因此适用使用费或酬劳费等受益者负担原则,其自身的收入能充当运营费的全部或一部分。根据韩国《责任运营机关设置运营法》,所属各中央机关的部门分别设立"责任运营机关运营审议会"对指定的责任运营机关进行评价,评价的内容包括每年各责任运营机关的工作计划、目标完成的情况、取得的成果业绩、机关运营效率以及符合法律规范的程度等,并将评价结果反映于次年的工作预算、机关运营费和奖金等之中。责任运营机关制度旨在引入竞争原理,追求部门功能的专门化,并重视公众的需求,使得政府绩效管理行为得到了进一步优化。

三是职务成果契约制度。职务成果契约制度是各部部长等机关的负责人和室、局长,室、局长和课长之间签署公文式的成果契约、协议成果目标及成果指标,并根据当年《职务成果契约》完成情况评估个人的工作成绩,把评估结果反映到奖金及晋升方面的人事管理制度。该制度在2004年试点实施后,于2005年开始在所有部门实施。职务成果契约制度的对象原则上限于4级以上的公务员,对于其个人的成果目标和评价指标、主要推进节点等,以1年为期签订契约。订立成果契约的公务员的直接上级或前辈,根据被评价公务员的素质、能力及日常综合表现,按照评判标准来评价。关于成果契约执行度的最终评价结果记录于个人成果管理卡之上,反映在升迁、保职管理等人事管理中,同时也是决定支付成果奖金的

第六章 国外政府绩效管理与政府执行力建设的经验和启示

基础资料之一。

韩国政府绩效管理的特点：第一，具有正确的评估目的和理念。在韩国，绩效评估并不是简单地用来对公务员进行奖惩，更被看作是收集信息、检讨战略计划的科学性和可行性的重要手段，这有利于决策者和高层管理者宏观地把握行政管理方向，有利于对管理过程进行及时和有效的控制。第二，绩效管理制度多样化。除了上文已经提到的政府业务评价制度、责任运营机关制度、职务成果契约制度等绩效管理制度外，还建立了监察院的成果监察制度、国会预算政策处的政府预算执行分析制度等。第三，绩效管理制度法制化。20世纪90年代以来，韩国政府陆续出台了一系列规范绩效管理的规章和法律，如《有关政府业务等评价的基本法》《责任运营机关设置运营法》《政府业务评价基本法》等，同时也出台了一些旨在提高公共部门服务质量的规定。通过加快政府绩效管理立法，将绩效管理的原则、流程、运行机制和方法等通过法律的形式固定下来，使绩效管理从一种临时的活动上升为一种科学的机制和制度，通过科学正确的评估促进了政府执行力的提高。

五、新西兰的探索

新西兰绩效管理模式的核心理念是责任制，并将政府管理的重点由投入转向产出和效果。投入是指政府所使用的全部资源，产出是指政府部门提供的公共服务，效果是指公众对政府公共服务的满意度，政府活动的目的是最大限度地满足公众的服务需求，提高公共服务质量和水平。

新西兰政府的绩效管理模式由以下四种机制构成：一是绩效协议。一般来讲，部长负责"掌舵"，确定方向和"核心结果目标"或"关键结果域"。部长为了特定的公共服务目标即"结果"，可以通过竞标的形式选定某一执行局，然后与该执行局的首席执行官签订"绩效协议"，即年度绩效评估的依据，确定"灵活绩效框架"，以特定的价格、数量和质量来购买某一执行局的产出。二是自主化计划。新西兰政府管理采用分权的管理模式，各部门有很大的自主权，除借贷、投资或者重大项目的采购（1000

万新西兰元以上)外,各部门可以自行确定部门内部的组织机构和管理结构,自行确定雇佣政策,包括工作岗位的雇佣对象、要求、工资等。三是面向产出的预算、拨款制度。政府通过基准预算来控制预算规模,同时,政府必须获得国会拨款才能支出。政府每年都要设定明确目标,并根据目标提出费用报批额度,由国会审查通过后拨付。四是绩效报告制度。新西兰政府认为,政府是各个部门的所有者,所以要求各部门要像私人企业的经理对其股东所做的那样,向政府进行财政报告,提供财政状况报告书或资产负债表,以便政府能够了解各部门管理者所控制的资产和债务情况,从而对资源的使用效率进行评估和判断。

六、荷兰的探索

荷兰在 20 世纪 70 年代开始进行地方政府绩效评估,绩效预算是荷兰中央政府进行绩效评估的早期表现之一。《1976 年政府会计法案》颁布后,中央各部门在其预算中提供了日益增多的年度绩效数据。法案规定每项开支预算应当包括具体数据、使用开支后活动的结果以及与这些结果有关的资源。绩效预算的主要目的是让议会对预算估计有更进一步的了解,在决策制定中对资金拨付进行改进并促使政策项目提高效率。1982 年荷兰社会和文化计划办公室出版了《有效率的服务》(*Efficiency Services*)一书,详细描述了荷兰老年人住房、警察部门、公共图书馆等的生产力和效率研究项目的结果。

1983 年荷兰财政部的一个所谓"重新考虑"的报告中出现了契约管理的概念,该报告称之为自主行政(Self-Administration)。其责任的形式是政治任命的部长和部长掌管的司领导之间订立"管理契约"。契约规定三个方面的内容:一是该组织需要完成的任务和需要提供的服务;二是期限以及契约所处的政策和法规的环境;三是组织可资利用的财政、人事、物料以及房屋资源。在管理契约的约束下,中央政府将部分公共事务与资源使用的权力下放给部门组织,通过执行契约的情况进行监督和评估。

20 世纪 90 年代以后,荷兰公共部门绩效评估的发展更为迅速,并使业绩衡量逐渐同预算过程结合起来。此时,财政部负责在一些部门进行绩效评估的小规模试验工程,发布了《政府会计法案第四修正案》,进一步强调绩效评估与预算的相关性,要求用更多的绩效指标衡量部门的预算结果,而预算结果的反馈则促进了政府效率和服务质量的提高。

荷兰地方政府绩效评估独具特色的一点就是评估与预算改革结合得特别紧密,"解决财政经济问题无疑是荷兰政府改革的主要动因"。从1981年范·阿格特政府发起的"重新思考运动"(Reconsideration)起,就发现政府需要削减财政预算。由于涉及多方面的利益且工作难度较大,必须对大量政府的政策或项目进行评价、审查,因而荷兰政府行政改革中,对公共部门的绩效评估一开始就与政府财政预算改革联系在一起了。

第二节 对于我国开展政府绩效管理及执行力建设的有益启示及反思

纵观西方各国政府绩效管理改革实践的历程,我们不难看出,其所采取的一系列绩效管理措施,目标都在于提高政府管理效率、提供高质量的公共服务等,并且实践证明推行政府绩效管理成效显著,各国的成功经验给尚处于探索前进阶段的我国政府绩效管理带来了很多启示。

一是高层领导大力提倡和持续推进政府绩效管理建设。政府绩效管理制度的建立是一个渐进的过程,各国的绩效评估大多经历了一个从确立原则逐步过渡到具体化制度化的过程,即逐步完善的过程。在这一过程中,高层领导的关心和支持至为关键。英国自撒切尔政府以来,经过了几届政府,不管是保守党还是工党执政,政府改革的基本理念和基本思路保持了延续性,中央政府都积极通过多种途径推进政府绩效管理方面的改革,绩效管理的策略和方法不断完善,绩效管理的科学性、实效性日益提升。美国从尼克松到卡特、里根、克林顿、布什再到奥巴马等历任总统都十分支持绩效管理,尤其在克林顿执政时期通过了《政府绩效与结果法案》,国家绩效评审委员会更成为由副总统亲自领导的直接推动改革的总指挥部。通过英、美两国的实践我们不难看出，正是因为得到了高层领导的持续高度关注和有力支持，英、美两国的绩效管理实践和改革才取得了显著的成效。

二是确立科学的政府绩效理念。西方各国政府将企业经营管理的理念引入到管理工作中，常用"3E"，或者"4E"即"公正"（Equity）、"卓越"（Excellence）、"企业家精神"（Entrepreneurship）、"专业技能"（Expertise）来概括政府绩效评估的价值标准。同时提出了"顾客至上、消费者导向"的理念，把公众满意与否作为政府行政成效的重要衡量指标，注意对公众的需求做出及时的反应，对于开展绩效管理具有借鉴价值。

三是完善政府绩效管理的法律体系。重视运用法律手段规范政府绩效管理体系，不断完善政府绩效管理的法律框架，是一些国家全面推行绩效管理的成功经验。英国的《国家审计法》《地方政府法》《政府现代化白皮书》，美国政府的《政府绩效和结果法案》，都对政府绩效管理的评估主体、规定的步骤、结果使用等做出了规范，为这些国家的政府绩效管理提供了法律保障。此外，韩国还制定了《责任运营机关设置运营法》《政府业务评价基本法》等，也对推行绩效管理制度起到了很好的推动作用。

四是注重多重评估主体的建设。如上文分析，根据利益相关者理论，政府评估主体的设计最好多元化，同时由于绩效评估专业性强、技术含量高，还非常有必要成立包括各方面专家在内的绩效评估机构。为了增强绩效管理的科学性、公正性，西方一些国家都很重视来自社会的反馈，建立多元化的绩效评估主体体系。例如自1998年以来美国民间机构锡拉旧兹大学坎贝尔研究所每年对各州或者某市进行政府绩效评估，引起了政府和民众的广泛关注。一些州政府或市政府在对其部门年终业绩进行评估的同时，也会拓展评估主体选择范围，请专门的社会评估机构参与评估。借鉴国外的经验，我国的政府绩效评估应该逐级建立多重评价体制，如政府机关（或部门）自我评估、上级评估、党的组织和人民代表大会主持的评估、民间机构的评估、社会公众评估等。

五是注重完善政府绩效评估的指标体系。政府绩效管理的顺利推进，

第六章 国外政府绩效管理与政府执行力建设的经验和启示

离不开一套科学合理的绩效管理指标体系，因为指标体系具有引导功能，能引导政府高效率完成行政目标，同时指标体系又是衡量标准，政府对自身履行职责情况可以自我预期和评价。美国政府在20世纪40年代就着手构建政府绩效评估指标体系，后来指标内容不断得到丰富。2002年，美国总统管理及预算办公室提出了针对联邦行政机关和部门的通用绩效指标，开发了统一的评价指标或称"通用衡量标准"[①]。在英国，从审计委员会绩效指标体系到最佳价值绩效指标体系，从综合绩效管理指标体系到综合区域评估指标体系，英国形成了独具特色、不断完善的绩效管理体系。鉴于以上情况，我国要借鉴美国、英国等发达国家的成功做法，进一步完善指标体系，使评估活动规范化、科学化。

六是加强评估结果的运用。为评估而评估是不可取的，只有充分运用评估结果来改进政府工作，评估才有意义。西方国家更注重将地方政府绩效评估结果反馈于各方，以利于改进工作，有的直接将绩效评估结果与个人的职务晋升挂钩；也有的把绩效管理与公共管理改革相结合，推行绩效预算管理，即改革的方向是在资金分配上强化绩效，将公共预算拨款与各机关单位的绩效联系起来，按效果而不是按投入拨款；还有的在公共预算执行上将效果与拨款挂钩，根据绩效来分配预算。目前，绩效预算已成为西方国家主要的公共预算管理模式，世界上近50个国家采用了绩效预算。就我国目前情况而言，迫切需要加强绩效评估结果的反馈和应用，坚持物质激励与精神激励相结合，激励与惩罚相结合，从而不断改善政府运行机制，提高政府管理和服务水平。

七是不断完善绩效评估信息系统建设。在政府绩效管理活动中，要保证绩效管理的客观公正，首要因素在于确保信息来源的及时、全面和准确。在政府部门建立绩效信息管理系统，不仅有利于开展绩效管理，也能加强部门间、部门内部的沟通、协调。西方国家在推行绩效评估措施的同时，提出了构建以顾客为导向的电子政府和政府在线服务的发展目标，完

---

① 张小玲. 国外政府绩效评估方法比较研究[J]. 软科学，2004（5）.

善现有的绩效评估技术，以提高政府收集、处理信息的能力和对公众回应的能力。1982年英国《财务管理新方案》要求在各部门普遍建立信息管理系统，1999年《政府现代化白皮书》将建立合作和有效的信息时代的政府确定为目标。美国管理和预算局也在推进一项全新的、跨部门的绩效信息系统建设，以便为各部门的预算、管理决策和执行提供完善的信息基础。

当然，上述国家在绩效管理实践中也有一些做法值得我们反思：一是追求政府绩效管理"完美化"的思想有待反思。政府绩效管理对于提高政府执行力具有十分重要的作用，但尚在不断发展完善当中，并且任何一种管理方法都有其局限性，并不能"包治百病"，更不能"包打天下"，也不存在所谓的绝对完美模式。在有的地方，比如英国推行的所谓的最佳价值制度，也只是一种理想的追求或美好的设想，不可能在实践中完全得到实现。因此，在实践中我们应该避免完美主义的想法，不要试图设计一种完美的政府绩效管理模式和一套完美的绩效管理指标体系，妄图一劳永逸地解决政府管理的所有问题①。二是政府绩效管理的"通用化"现象有待反思。各国政府的环境和客观条件不同，资源禀赋不同，发展的定位和追求的绩效目标也不尽相同，应当具有多样化的评价标准和方法。在一些国家推行政府绩效管理的过程中我们发现，这些国家或地区采用所谓的通用绩效评估框架甚至是绩效评估体系，其自身的特色和个性逐渐消失，出现了千篇一律的趋势。我国是一个发展很不平衡的国家，从中央到地方各个层级不可能建立完全统一的绩效指标体系和标准，而应根据管理职能和管辖范围，运用统一的原则和要求，结合各地各部门的实际，分别制定具体指标和标准。三是绩效管理指标的"复杂化"现象有待反思。由于政府绩效管理具有法定的约束力，各部门都试图将各自的行政工作纳入绩效管理。比如，英国最有价值的绩效指标体系在中央加强对地方政府控制方面成效显著，但评估指标太多太滥的问题一度十分突出。如2006年，英国绩效管理涉及地方政府的全国性绩效评估指标达到了1300多个，这势必影响

---

① 蔡兵. 我国政府绩效管理法治化问题研究 [D]. 中国人民大学硕士学位论文，2010.

第六章 国外政府绩效管理与政府执行力建设的经验和启示

政府的正常工作秩序,疲于应付各种评估。因此应注意引入关键指标设计(KPI)的思想,对评估指标进行系统整合和优化,更加突出重点,便于公众对评估过程的监督和理解,整个评价过程的评价方法应浅显易懂、操作简便①。

---

① 蔡兵. 我国政府绩效管理法治化问题研究 [D]. 中国人民大学硕士学位论文,2010.

第七章 我国政府执行力提升的绩效方略

第一节 以正确的绩效导向引导政府执行力建设

政府绩效管理的首要问题是价值选择和导向问题,即在政府绩效管理中要促进实现哪些价值目标,要将政府公共管理活动引导至何种方向。不明确和把握好政府执行力评估指标体系的价值取向,就不能设计科学的执行力评估指标,难以全面、深刻地揭示执行力现状和发展规律,也就不能达到引导政府执行力建设的目的。因此,分析和把握好价值取向,是构建科学的政府执行力评估指标体系、有效开展政府执行力评估活动的基础。在绩效评估技术发展较为成熟的西方国家,人们常用"3E"或者"4E"来概括政府绩效评估的价值标准。这种归纳给我们以启发,但其多偏重于理论上的分析,忽视了实际的政治、经济、文化因素,因而操作性比较有限。同时,政府执行力评估有别于其他政府绩效评估,政府执行力评估有着自身的特点、规律,也有着自身的价值取向,笔者主张立足于中国现实的政府执行力评估的价值取向应包括以下几点:

第一,坚持以人为本。新公共服务理论强调,要重视政府与公民之间的关系,要尊重公民的合法权益和主观意愿,这就要求在政府管理中要贯彻以人为本的重要原则,而对政府执行力进行绩效管理,也必须体现以人为本的绩效观念。特别是在我国,政府是整个社会的中心,也是全社会的权力中心，公共政策的制定和实施几乎完全依赖于权力的运作，公民参与决策或影响决策的力量有限，重申和回归政府执行力评估的以人为本的价值取向显得尤为重要。政府执行力评估坚持以人为本的原则，具体来讲，一是要以公众满意为政府执行力评估的出发点和落脚点，要一切有益于促进人的全面发展，这是新时期我国政府执行力评估的核心价值取向。同时，政府执行力的评估内容、标准和指标体系设计应从公民的立场出发，建立公民需求的评价机制，以保证绩效管理的内容和侧重点与公民的需求有机衔接。二是政府执行力评估要加强政府与社会公众的沟通与互动，并致力于构建政府机关与社会大众以及非营利部门等利益相关者及合作伙伴的动态伙伴关系。三是政府工作要自觉接受公众的监督和考验，把公众满意不满意、答应不答应作为评估政府工作好坏的根本标准。特别是我国过去对政府绩效的评估往往过多地倾向于自上而下的内部检查，评估主体单一、评估过程封闭，评价活动一定程度上带有"走形式"的色彩，而这种制度往往促使被评价的政府官员过多地琢磨上级政府的检查评估。随着政府职能的进一步转变以及行政体制改革的深入推进，下一步要让服务对象更多地参与政府的执行力评估工作，更多地监督、评判政府和有关公务人员的工作，使得公众能以一种更积极的姿态投入其中。

第二，坚持公共利益。政府作为人民（即委托人）的权力"代理人"，必须认真履行自己作为"代理人"的职责，充分照顾到社会民众的公共利益，为社会公众谋福利。由于公共产品和公共服务具有社会共享性和非排他性，决定了政府理应成为公共物品的生产者和公共服务的主要提供者。特别是在市场失灵的领域，政府应该更加充分发挥作用，突出公共服务职能，保护公共安全，维护好社会的整体利益。需要指出的是，鉴于政府是理性经济人，此处的公共利益与政府代表的国家利益和某公民或社会团体的利益有所不同，它是指全社会的整体利益，倾向于社会本位。随着经济社会的发展，人们面临的共同需要越来越多，公共利益的范围也不断扩大，不仅包括环境、资源和安全等，也包括贫困、卫生、教育、养老、劳动保护和技术进步等有关事项；不但要满足本国的公共服务需要，还要与其他国家的政府一道维护好人类共同的公共利益。在此价值取向指引下，

第七章 我国政府执行力提升的绩效方略

对政府执行活动进行全面考量,就有必要将政府维护公共利益纳入政府执行力评估的价值体系,从政府维护公共利益的工作态度、工作能力、工作成果等方面对政府实绩进行测量和评定,并通过绩效管理来推动和促进政府公共服务精神的完善,提高政府公共服务的社会满意度。

第三,坚持系统效能。按照系统论的观点,虽然政府处在整个社会体系的运转中心,但终究是社会大系统中的一员,与自身所存在的经济、政治、文化等环境密切相关。同时,政府执行力也是政府内外部等多种因素共同作用的结果,因此,政府执行力评估价值取向就要树立系统效能的观点,统筹兼顾,全面、系统地考核政府执行力的绩效。具体来讲,就是要效率与公平并重,效率与民主兼顾。首先,效率与公平并重。追求效率是政府绩效管理的核心理念,也是社会各界对政府的共同期望。新公共管理运动就是希望政府能够像企业那样不断创新方式方法以促进工作效率的提高,创建一个花钱少、办事好的政府。但政府绩效的内涵非常丰富,不能简单等同于效率。如果政府管理偏离了国家的意志和人民的要求,违背了国家政策和法律,给社会带来消极的影响,那么谈论效率就毫无意义。而公平是指将运用社会稀缺资源所获得的成果公平地分配给全体社会成员,追求公平是公共部门特别是政府的基本功能之一,而为弥补市场机制不足而进行的制度设计、积极维护社会秩序等都是公平价值的具体载体[①]。所以,效率与公平并重并不是否定效率,而是以公平为主体现效率,追求效率也并不意味着要在政府绩效评估中唯效率而尊。其次,效率与民主兼顾。在我国,有的地方政府效率较低,为促进有关问题的解决,政府绩效评估务必要充分体现效率原则,但也不可忽视政府公共行政的民主性质,忽视政府的社会民主价值追求。因此,政府绩效管理要坚持效率与民主相结合,在提高工作效率的同时,及时听取公众意见,接受公众监督,加大政务公开力度,进一步缩短政府与公众之间的距离,使公众需求和意志能够及时体现在政府的公共行政中。

---

① 高健. 社会公平:中国特色治理的核心诉求 [J]. 理论与改革,2014(4).

第四，突出公共责任。如前文所述，在现代民主社会，政府的产生源于人民公意的达成和授权，其功能在于运用其他社会组织所不具备的强制性公共权威，承担起无可替代的社会责任，这内在地决定了责任取向必然是现代政府奉行的基本原则之一，是支配政府行为的内在价值准则[①]。因此，对政府执行力进行绩效评估，也必须突出强调公共责任的理念。笔者认为有以下两点：一是政府执行力评估要突出积极性。现代政府不同于传统政府，不再完全处于消极被动状态，相反，政府必须积极主动地承担责任，及时回应社会和民众的基本要求，履行其社会职责和义务，而不能无作为或不作为。二是政府执行力评估要突出担责性。绩效管理实质上是评估政府履行职责、落实责任的数量和质量，促使政府切实增强责任意识，忠实、有效地履行自己的职责。若政府不能履行职责，就必须要问责。

第二节 构建合理多元的评估主体体制

针对上文提出的评估主体单一、评估主体体制不合理等问题，笔者认为，可以从以下几个方面解决：

一是构建合理多元的评估主体结构。理想的多元主体结构是一个稳定且高效的统一整体，具有全面性和系统性，既要包括上级政府部门、政府各职能部门等内部评估主体，也要吸纳各类外部评估主体。同时，政府绩效管理是一个多层次、多环节以及多主体参与的复杂过程，要结合评估主体的优缺点分析，不能只侧重某一主体而忽视其他主体的作用。具体而言：第一，充分发挥政府部门在绩效管理中的作用。政府部门往往是政府绩效管理工作的主导者和推动者，既要充分发挥牵头主导作用，统筹设计和协调有关绩效管理的各项工作，又要为其他评估主体提供帮助和便利，这种特殊的角色定位决定了政府部门在绩效管理中是不可或缺的，政府部

[①] 赵蕾.论责任政府的价值理念、运行体系与体制要求[J].中州学刊，2007（4）.

门的作用也要贯穿于政府绩效管理工作的每一个环节。第二，充分发挥专业评估组织的作用。专业评估组织通常由相关领域的专家学者和专业学术机构的成员组成，在专业知识和操作性方面具有显著优势。在政府绩效管理过程中，专业评估组织往往以中立的立场做出客观深入的评估，有针对性地指出政府行为和政策中存在的问题，并为政府政策的调整和实施提供科学的解决方案。第三，充分发挥公民、大众传媒等其他评估主体的作用。公民参与执行力绩效管理更加有利于体现政府各项工作以人为本的原则，使绩效活动更具活力。此外，大众传媒是公众意愿和心声的"传声筒"，其可以在政府绩效评估主体多元结构中充分发挥独特的新闻监督功能。

二是合理选择和配置评估主体。构建合理多元的评估主体结构，并不意味着任何领域、任何层次、任何性质的绩效管理活动都要有多重评估主体出现，或者说评估主体都要占同等的比重，而是要根据评估内容、评估重点和评估目的对评估主体进行合理的选择和配置。笔者认为应包括两点：第一，评估主体的选择要有针对性。如果评估的对象是政府的"窗口"服务部门如政务服务大厅，评估的目的是考察其服务的质量、服务的态度，笔者认为评估主体应主要由社会公众、专家和第三方构成；如果评估的对象是政府的内设部门，主要对运行成本以及机关工作人员的德能勤绩廉进行评价，评估主体最好是以行政系统内部为主、其他评估主体协助，评估将更加有效。第二，评估主体的搭配要合理。不同的评估主体由于其地位不同，在评估中发挥的作用也不同。即使是对同一评估对象的评估，不同的评估主体组合也会形成不同的评估结果。如果评估主体搭配不当、比例失调，就会影响评估的质量，评估的科学性、有效性就难以保障。因此，在评估过程中，不仅需要引入多个评估主体，而且需要将各评估主体合理组合。反之，如果评估主体的搭配比例失调，就会影响评估的质量①。

三是增强评估主体的独立性。如果评估主体缺乏独立性，附属于某一组织或者个人，那么他在评估过程中就会或多或少地受到这一组织或者个

---

① 万里涛，章海涛.政府绩效评估主体的多元化［EB/OL］. http://cpc.people.com.cn/GB/67481/82581/133505/8510373.html.

人的价值观影响，偏离了评估的客观性，评估的结果自然就不能真实地反映客观事实。针对我国评估主体独立性不充分的情况，一方面，要明确评估主体在政治上的独立性。政治上的依附必然决定了评估过程中的"失真"，若根据上级命令，开展评估工作不可能达到应有的公正透明和检验执行力状况的目的。另一方面，要确保评估主体在经济上的独立性。当评估主体在经济上需要有关政府部门拨款生存的时候，其客观公正性同样会引起很大的质疑。经济的独立性与政治的独立性是评估主体独立性的两个构成要件，两者相辅相成，只有两个要件都满足，评估主体才能够实现真的独立[1]。

四是充分发挥第三方和专家参与评估的作用。利用第三方的力量和专家的智力参与政府绩效评估可以克服社会公众评估中专业性不足的问题，特别在一些政府绩效管理涉及多专业多领域的知识时，发动第三方或专家的力量参与评估就显得很有必要。它既可以提高评估的科学性、准确性、真实性，又可以提高评估的开放度和公正性，更好地反映不同相关利益群体的需求。第三方评估和专业评估机构要想在实践中更好地发挥作用，一方面，政府应主动承担起推动中介评估组织发展的责任，在政治制度上对其合法地位予以确认，从经济上予以支持和扶持，同时进一步加快政府政务公开的步伐，为此类外部评估主体参与绩效管理提供必要的资源和信息资料；另一方面，专业评估机构要发挥实质作用，还需不断提高自身工作能力，加强自我培训，不仅要在评估的各项核心技术方面不断突破，也要对公众的需求进行合理的预测，对整体环境的变化有更深入的了解，从而为在更长一段时期内考察政府执行力的成效提供参考，并通过评估来推动各级政府的创新、提高各级政府的效能，促进政府创造更多的公共价值。

五是不断完善政府执行力评估主体的制度建设。借鉴先进国家的经验和做法并结合本地实际，确定绩效评估主体多元化的制度和规范，如出台《政府绩效评估主体法》《政府绩效评估程序法》等规范性文件，从立法上

---

[1] 尹苹苹. 我国公共政策评估主体确立原则的思考 [EB/OL]. http://www.rky.org.cn/c/cn/news/2011-09/13/news_11375.html.

保证利益相关者成为绩效评估的主体，并保证绩效评估主体享有调查、知情等评估政府的权利，同时还要规定不同评估主体的评估内容、评估方式等，使各类主体参与评估工作时有法可依、有章可循，将各评估主体的绩效评估活动纳入制度化、法制化轨道。

第三节 不断完善政府执行力评估指标体系

政府执行力评估指标体系的完善涉及两个方面，一是根据政府执行力的生成原理、有关原则等设计合理的政府执行力评估指标体系；二是在政府执行力评估指标体系的基础上，赋予指标权重，并提出指标运用的方法和路径。

一、构建合理的政府执行力评估指标体系

（一）有关研究概述及重要启示

目前，我国关于政府执行力测评的研究从总体来看，定性的多，定量的少，但仍有个别学者在这方面进行了积极的探索，也有一些学者在相关或相似的领域提出了一些好的建议，可以供我们学习借鉴，主要体现在以下几个方面：一是关于政府能力的测评。比如，谢庆奎、陶庆（2003）提出衡量政府能力强弱的三个标准，即政府的权威性、政府的有效性和政府的适应性，并概括了政府能力的 10 个要素，分别是指导能力、动员能力、分配能力、适应能力、利益综合能力、管理能力、协调能力、监督能力、服务能力、维持秩序能力①。二是关于企业执行力的测评。韩青在《您的企业执行力有多大？——企业执行力诊断》一文中介绍了企业执行力量表及其使用方法，其中诊断量表分为组织体系、制度体系、文化体系和领

---

① 谢庆奎，陶庆. 政府执行力探索 [J]. 中国行政管理，2007（11）.

导权威四个维度,每个维度从 10 个方面进行诊断,每个维度的诊断单独设有诊断标准,将四个维度的得分进行综合,就可以诊断总的执行力体系[①]。三是关于政府执行力的测评。目前,一些专家学者开始对政府执行力进行测评,开发出了三种较有代表性的测评指标体系。第一种,有学者采用"执行刚度""执行力度""执行高度""执行速度"和"执行效度"五个指标来测评地方政府执行力。但是,该指标体系并没有将政府执行理解为一个整体的过程,只停留在执行的某一阶段。同时,使用的概念都属于描述性词汇,难以精确量化。第二种,有学者从地方政府执行力的生成结构出发,从执行战略、执行主体、执行资源、执行环境、执行绩效五个维度设计了一套测评地方政府执行力的指标体系。这一指标体系强调基于历时态的角度,从整个执行过程出发进行设计,但这一指标体系并没有区分影响政府执行力的内外因素,不能体现内外部因素的不同作用。第三种,有学者借鉴管理过程理论,从计划确定力、组织运行力、资源整合力、领导影响力、控制实施力五个维度来设计指标评价体系,构建了一套以决策为起点、以执行结束为终点的政府执行力评估体系,这一评估指标体系提升了理论性,但实际应用性功能降低。

综上所述,对于政府能力、企业执行力、政府执行力的测评研究,国内外学者们多数是从测评指标的选择、赋予指标权重以及测评方法的运用三个方面来加以开展。而在测评指标的选择上,一般从对测评对象进行概念的界定、测评对象的结构功能以及测评对象的影响因素三个方面来考虑。笔者认为,政府执行是一个包含决策、动员、运作、执行、监督、反馈、调整、再决策的周而复始、循环往复的动态过程,涉及众多参量和因素。政府在实际执行的过程中,不仅受自身条件的影响,同时还受到相关客观条件和外部环境的制约。具体到政府执行力的测评,本书认为,要从其结构功能入手,借鉴组织管理理论,同时要考虑对测评对象的外部因素、文化环境加以综合分析,科学合理选择测评指标、设定指标权重,运用恰当的评价方法,从而逐步构建适合政府执行力测评的方案。简单归

---

① 韩青. 您的企业执行力有多大?——企业执行力诊断[J]. 现代企业教育,2004(8).

纳,也就是政府执行力测评指标体系构建的综合说。

(二)指标设定的基本原则

一般而言,对于政府绩效评估指标设定有"SMART"原则,"S"代表"Specific",这一原则要求绩效目标应该是具体明确的,而不是模棱两可的、抽象的;"M"代表"Measurable",要求绩效目标最终是可衡量的、可评估的,能够形成数量指标或行为强度指标,而不是笼统的、主观的描述;"A"代表"Achievable",要求绩效目标是能够实现的,而不是过高或过低,显得不切实际;"R"代表"Realistic",要求绩效指标是现实的,而不是凭空想象的或假设的;"T"代表"Time Bound",要求绩效指标具有时限性,而不是仅仅存在模糊的时间概念或根本不考虑完成期限①。但政府执行力评估与政府绩效评估存在着较大的差异,后者是对一级政府的投入产出、综合效果给出阶段性评估,前者则是对执行过程中执行主体的执行能力和执行力度的检验与评估。二者无论是在评估的范围上,还是在评估的侧重点上均存在不同。因此,笔者认为政府执行力指标设计不能简单地套用政府绩效评估的适用原则,而应该有着自身相应的基本原则。构建科学、合理的政府执行力指标体系是一个复杂的过程,笔者认为,以政府执行力的综合说为基点,构建指标体系应该遵循如下几项原则:一是实用性原则。政府执行力评估指标体系应包含反映功能、评估功能和监控功能。具体来说,实用性原则要求设计出来的指标能够准确全面地描述政府执行力所涵盖的主要内容和基本情况,做出相应的科学评估,同时在政府执行过程中能够对执行主体表现出来的执行状况进行实时监控,并做出及时调整和修正。二是可操作原则。具体来讲,能够量化的指标要尽量量化,即使不能量化的指标,也要使用如"优""良""一般""较差""差"等多阶段标准,便于对应相应的执行力数值。同时,要努力做到能精简的尽量精简,便于实际操作。三是全面系统原则。具体来讲,执行力评估指标体系必须能够涵盖政府执行力产生和作用过程及结果的各个方面,同时各个具体指标之间,在其含义、计算等方面,要相互衔接,能够系统地反映

---

① 刘传铭.社会组织绩效评估指标体系构建研究[J].中国社会组织,2013(4).

政府执行力水平的各要素之间的数量关系、内在联系及其规律性。四是独立性原则。一般来说，政府执行力的测评指标体系由多个层次组成，独立性原则要求同一层次上的功能指标不能存在重叠的交叉关系，这就要求指标选取时必须认真分析每项指标的内涵及指标间的相互关系，确保指标的独立性。五是动态原则。在选择测评指标时，既要有测量政府执行活动效果的静态指标，又要有反映政府执行过程的动态指标，综合反映政府执行力的现状和未来发展趋势。同时，应根据不同政府组织的职能定位、功能特点，以及政府所处的发展阶段、所执行任务的差别等，设计选取不同的评价指标体系，并对测评指标、权重系数进行适当的调整。

（三）政府执行力测评指标层次结构及体系

确立合适的测评指标体系是正确测评政府执行力的前提。好的测评指标体系一方面能够体现政府执行力的系统性、全面性和层次性的要求，另一方面也能够反映政府多种目标兼有侧重的特性。因此，为争取全面地测量政府执行力，政府执行力测评指标体系应当从多个层面入手，构建一个多层次的指标体系。根据研究目的以及上述构建政府执行力测评指标体系的原则和思路，本书从政府执行力的生成原理入手，同时结合组织管理理论以及外界影响因素的设置需要，运用递阶层次结构，将政府执行力指标构建分成4个层次，由1个目标层指标、6个准则层指标、16个次准则层指标、46个指标层指标构成，力争能够全面、系统地测评我国政府执行力。第一层为目标层，即政府执行力，它是我们测评研究的目标；第二层为准则层，包括政策认知力、执行主体优化力、组织控制力、资源调配力、执行环境支持力以及执行效力6个指标；第三层为次准则层，包括执行政策拥护度、执行方案规划能力、组织合理度、人员适配度、执行协同度、组织运行度、控制纠偏度、财力资源调配力、信息资源调配力、权威资源调配力、政治环境支持力、文化环境支持力、经济环境支持力、自然环境支持力、执行效度、社会满意度16个指标；第四层为指标层，是对政府执行力进行测评的直接对象，共有46个指标。具体指标体系如表7-1所示。

表 7-1 政府执行力测评指标体系

目标层	准则层	次准则层	指标层
政府执行力 A	B1 政策认知力	C1 执行政策拥护度	D1 对上级政策的感情认同度
			D2 对上级政策的理解准确度
			D3 对上级政策的决断度
		C2 执行方案规划能力	D4 方案决策民主度
			D5 方案决策科学度
			D6 方案目标与上级政策目标一致度
			D7 方案本地化程度
			D8 方案的灵活度
	B2 执行主体优化力	C3 组织合理度	D9 组织结构规范度
			D10 职能设置合理度
		C4 人员适配度	D11 人员受教育程度
			D12 人员业务能力
			D13 人员结构互补度
	B3 组织控制力	C5 执行协同度	D14 执行部门内部协调度
			D15 执行部门之间协调度
			D16 执行部门与目标团体间协调度
		C6 组织运行度	D17 组织制度完备度
			D18 组织机制灵活度
		C7 控制纠偏度	D19 监控有效度
			D20 偏差纠正度
			D21 危机处理度
	B4 资源调配力	C8 财力资源调配力	D22 政府财政收入占本地 GDP 比重
			D23 政府执行经费占政府支出比重
			D24 执行实用经费与预算经费比重
		C9 信息资源调配力	D25 信息技术使用度
			D26 信息获取及时度
			D27 信息质量真实度
		C10 权威资源调配力	D28 政府形象度
			D29 政府公信力

续表

目标层	准则层	次准则层	指标层
政府执行力A	B5 执行环境支持力	C11 政治环境支持力	D30 民众对政府的认同度
			D31 民众对政策的认同接受度
		C12 文化环境支持力	D32 引导程度
			D33 约束程度
			D34 激励程度
			D35 满足程度
		C13 经济环境支持力	D36 GDP 总量
			D37 GDP 增长率
			D38 人均 GDP
		C14 自然环境支持力	D39 地理位置优越度
			D40 自然资源丰富度
	B6 执行效力	C15 执行效度	D41 执行时效度
			D42 目标实现度
			D43 执行效益度
		C16 社会满意度	D44 上级对执行结果的认同度
			D45 民众对执行结果的满意度
			D46 媒体对执行结果的赞扬度

(四) 政府执行力测评指标的解释说明

政府执行力测评指标体系（见表 7-1）是一个逐级展开的多层次、多维度的政府执行力测评指标体系，分为 4 个层次，由 1 个目标层指标、6 个准则层指标、16 个次准则层指标、46 个指标层指标构成。下面分别对指标体系中的各项指标的界定、作用等进行简要的解释说明①。

（1）政策认知力。政策认知力主要反映下级政府对上级（中央）政策的认同、理解程度以及结合各自实情的实施规划能力，具体可分为执行政

---

① 本节参考了魏红英、莫勇波、李慧卿等专家的研究成果，从政府执行力的生成机理入手，结合组织管理理论及外部影响等因素，提出了该部分的有关观点。

策拥护度和执行方案规划能力两个次准则层指标。

一是执行政策拥护度。执行政策拥护度是指充分认同上级（中央）政策、准确地理解政策的基本内容和精神实质，并积极地执行上级（中央）政策的意愿程度。它包括：①对上级政策的感情认同度。执行主体从思想上、态度上、感情上高度支持、拥护上级（中央）的政策，可以为有效地开展执行奠定坚实的思想基础。对上级（中央）政策的感情认同度，体现的是执行主体对所推行政策的认知和认同水平。②对上级政策的理解准确度。政策的理解度表明地方"吃透上情"的水平，只有全面、准确地"吃透上情"，才可能有效地落实上级（中央）政策，否则会导致执行出现偏差。③对上级政策的决断度。决断度反映的是，下级政府组织及有关部门迅速做出选择，形成方案的意志力。一般而言，上级（中央）政府制定了政策，各地方政府及其部门要用最快的速度制定地方性执行方案。

二是执行方案规划能力。上级（中央）政策多是针对整个国家或地区的情况制定出来的，地方政府在贯彻执行政策时，要把上级（中央）政策和本地的实际相结合，因地制宜地制定出符合本地实际情况，并具有前瞻性、可操作性的执行方案。其衡量指标主要有：①方案决策民主度。该指标反映的是决策的民主化程度，一般而言，方案的产生不应是独立的个人思维的结果，应该是多方主体的集体智慧和集思广益的结果，各方主体的参与具有重要作用。②方案决策科学度。该指标反映的是决策的科学化程度，一般而言，方案制定要科学，要以充足的事实为依据，并遵循科学的程序，进行严密的逻辑推理，从而做出正确决策。③方案目标与上级政策目标一致度。该指标反映的是政府组织制定方案的目标性，一般而言，地方政府在制定一地政策时，应把上级（中央）的政策目标作为规划的主要方向，使地方的政策目标与上级（中央）的目标保持一致，增强组织上的统一性和方向上的一致性。④方案本地化程度。该指标反映的是方案结合本地实际情况的程度。一般而言，上级（中央）政府发布的多数政策属于战略性的，较少涉及具体操作层面，这就需要各地方政府在准确把握上级（中央）政策精神的指导下，制定符合当地实际的具体的方案。⑤方案的灵活度。该指标反映的是下级政府要适应执行环境的复杂性和客观条件的多变性,从实际出发,在与上级(中央)政策方向保持一致的前提下,制定具有灵活性的政策,以适应客观情况的发展变化。

(2)执行主体优化力。执行主体优化力主要反映执行主体的结构特征和能力,具体可分为组织合理度、人员适配度两个次准则层指标。

一是组织合理度。合理的组织结构包括组织纵横结构的布局合理,即组织的层级与幅度关系要适当以及组织关系中权责要明确,它包括:①组织结构规范度。规范的组织结构是政府执行的制度保障。一般而言,组织结构的层级与幅度会影响执行目标的任务分解及工作方案的细化,组织结构的规范性要求组织纵向结构层级化、横向结构专业化。层级化要求对各级政府以及部门上下级之间的机构、职位、人员配备、权力责任等进行有序划分;专业化要求执行组织按政策目标、管理对象、权力责任和业务性质划分若干个专业的职能部门。②职能设置合理度。职能设置合理,即明确各执行部门的权责关系。一般而言,要明确各级部门及其工作人员的职责、地位和应承担工作的具体内容,确保每个执行部门明确自己在执行过程中应该做什么、怎么做、做到何等程度等。

二是人员适配度。执行人员是政府执行过程中的前提性因素,也是主导因素,他们的素质和能力直接影响着政府执行力的其他因素效能的发挥。其衡量指标包括:①人员受教育程度。受教育程度主要反映政府部门执行人员的知识文化程度。执行者如果没有一定的学识,就难以很好地理解相关的政策,更难以有效地分析和解决问题,难以保证政策的有效执行。②人员业务能力。执行者的语言表达能力、人际关系能力、组织管理能力等,对于有效的执行都是不可或缺的。特别是作为领导层的执行人员除了有较强的专业能力外,还要能高效地组织协调各种资源、关系。③人员结构互补度。执行队伍是由个体组成的,但这支队伍绝不是个体的简单相加,其间有个体间的互补问题,也就是说各个主体间要相互作用和相互影响、综合优化。该指标反映的是执行队伍性别结构、年龄结构、知识结构、性格结构等方面的互补程度。

(3)组织控制力。组织控制力主要反映执行主体在执行过程中体现出来的协调控制能力,其衡量指标有以下三点:

一是执行协同度。协调工作有利于引导执行组织和人员之间建立良好的配合关系,避免各有关部门、各环节发生抵触乃至内耗,从而有效达到执行目标。协调工作做好了,才能使执行部门、执行人员及其他有关人员做到思想观念上的统一和行动上的一致,避免工作环节和工作节奏的脱节,减少或杜绝人力、物力、财力等资源的浪费。它包括:①执行部门内部协调度。该指标是指执行队伍内部要进行有效的沟通协调,相互交换意见、看法,实现执行中的积极合作。②执行部门之间协调度。该指标是指执行部门之间要相互协调,既包括上下级之间的沟通协调,也包括平行部门之间的沟通协调。只有各方相互沟通信息,主动配合,互通有无,才能促进和保障执行工作的顺利进行。③执行部门与目标团体间协调度。执行实质正是执行主体与目标团体之间的一种互动。为保证执行活动的顺利进行,执行部门必须与执行的目标团体进行有效的沟通协调,从而为执行活动创造良好的条件。

二是组织运行度。政府组织机制是指政府各部分的构造、功能、相互联系和相互作用等。组织制度是否完备,政府组织机制是否灵活,是否能适应执行内容的需要,既反映了政府组织的协同关系,也影响着政府执行力的发挥。其衡量指标包括:①组织制度完备度。组织制度是组织中全体成员必须遵守的行为准则,它包括各种章程、条例、守则、规程、程序、办法、标准等。组织制度的完备要求组织机构要合理设置,从而能保证决策的制定和执行,职能体系要完备,从而使人们有效地实现专业化分工和协作。②组织机制灵活度。执行工作所面临的外部环境复杂多变,为了有效完成执行任务,要求现代政府组织的上层领导者必须能够整合各专业人员的智慧并快速进行决策部署。这意味着在组织机制方面,能够在某一特殊情况出现时,打破严格的部门分工界限,实行职能的重新组合,让每个工作人员或每个团队获得独立处理问题的能力,独立履行职责的权利。

三是控制纠偏度。对所有的政策来说,无论它是如何产生的,对其实施过程的监控或评估都是非常重要的。政策的控制纠偏是为实现政策的合法化和保证政策的有效执行而对政策的制定、执行、评估和终结等活动进行监督与控制的过程。其衡量指标包括:①监控有效度。对执行活动的监控应贯穿于整个执行过程。执行犹如打仗一样,知己知彼方能百战不殆,只有全方位了解执行中的各种情况,发现问题并加以纠正,才能促进执行有效完成。此外,执行任务由不同的部门及其组成人员负责实施,因此,要实现有效的监控,也要针对不同的对象采取多样的监控手段,否则执行不但得不到有效的监控,反而适得其反。②偏差纠正度。为确保目标或计划实现,必须尽量减少偏差,所以纠正偏差是控制的关键。该指标说明政府组织的管理者要采取一定的纠正措施,使执行回到正确的方向并且消除不良后果,包括强化监督控制、加强舆论宣传,甚至采取相应的强制措施。③危机处理度。在各项决策部署和政策执行过程中,中途会遇到一些突发事件导致执行效果不凸显,甚至是执行中断,因此预防、控制和应对危机,也成为检验政府执行力的重要指标。因此,该指标说明各级政府组织必须迅速地对危机做出反应,并有效地控制、消除危机,不断提高危机管理理念,完善危机管理的体制机制,提高危机管理的能力。

(4)资源调配力。资源调配力主要反映了执行主体对资源的汲取、配置和使用能力,具体可分为财力资源调配力、信息资源调配力和权威资源调配力三个次准则层指标。

一是财力资源调配力。必要的财力资源是政府工作运行的重要保障和物质基础,也是政府执行力生成中的核心要素,财力资源的严重不足掣肘各项工作的运行,导致政府执行力的低下。其衡量指标包括:①政府财政收入占本地 GDP 比重。这主要反映政府汲取财力资源的能力和政府财力资源的丰富程度。从社会资源分配的角度看,一个地区的社会资源量是有限的,如果政府可支配资源(财政收入)占 GDP 比例过低,则难以满足政府活动需要。②政府执行经费占政府支出比重。这主要反映政府执行经费的丰裕程度,在一定的政府可支配财政资源的范围内,同等条件下投入某项政策执行工作的经费越多,则该活动的成效越明显。③执行实用经费与预算经费比重。这主要反映了政府部门在节约成本方面所做的努力,体现了政府执行经费的有效使用能力,一般来说,执行成本过高会使得政府执行效益低下。

二是信息资源调配力。从信息论角度看,政府执行过程存在着各种信息的发散、交汇;从控制论角度分析,执行过程也是一个对各种信息进行收集、分析和综合利用的过程,而且是有效的控制过程。政府运用现代化信息技术获取高质量的信息资源的能力,既是政府履职所必须具备的能力,也是政府执行的前提。其衡量指标包括:①信息技术使用度。采用何种方式和手段来完成任务,对于执行力来说非常重要。在政府执行过程当中,能否充分运用现代信息技术,都影响着政府执行的效率和力度。②信息获取及时度。信息的及时获取对于执行任务至关重要,一项有价值的信息如果获得太迟,即使执行者采取了措施,效果也会大打折扣。③信息质量真实度。信息资源必须全面、准确、可靠,执行部门只有依据可靠真实的信息,才能做出正确的判断。

三是权威资源调配力。政府执行是对社会资源的权威性分配,没有权威,意味着没有权力和资格进行资源分配,其衡量指标包括:①政府形象度。政府形象是一种特殊的权威资源,良好的政府形象是增强政府权威,贯彻政府政策的无形动力。②政府公信力。公信力是政府的影响力和号召力,体现政府工作的权威性,公信力弱的政府,很难取得公众的足够信任,也就很难有较强的执行力。

(5)执行环境支持力。这主要反映地方政府所辖区域内的环境对任务执行的适宜程度。具体可分为政治环境支持力、文化环境支持力、经济环境支持力和自然环境支持力四个次准则层指标。

一是政治环境支持力。从某种程度上说,政府执行过程实际上就是一个政治过程。政治环境对政府执行的影响是直接的,相对于自然条件、经济条件而言,政府执行的政治环境最为重要。其衡量指标包括:①民众对政府的认同度。民众对政府的支持、认同和拥护,是政府存在的社会基础。能否获得民众的认同和支持,不仅是判断一个政府执行力强弱的标准,也是提高政府执行力的动力来源。②民众对政策的认同接受度。政府执行能够达到政策的预期目的,不是政府执行者一厢情愿的事情,也不是政府执行者能够完全决定的,在很大程度上取决于民众对政策的认同接受程度。如果民众对于现行政策不支持、不认同,那么这一政策无法落地生根，也不能自动发生功效。

二是文化环境支持力。政府文化是政府在处理经济社会事务中的价值观、行为观、工作作风的综合体现。对于政府组织而言，政府文化对其组织成员以及外部的利益群体的行为、思想也起到了引导、约束、激励和凝聚的作用。因此，需要从执行文化对执行力的作用效果设计评价指标[①]，如果政府内部文化建设能在以下几个方面起作用，则证明政府有能力通过转变政府执行主体的思想、观念和行为，使其聚焦于政府执行的效果，从而提升政府执行力水平。其衡量指标包括：①引导程度。政府执行文化是否能引导执行主体自身的价值目标与政府目标相一致，并使其克服困难，坚持不懈地朝着任务目标的实现而努力。②约束程度。政府执行文化是否能通过价值认同的方式对政府成员进行约束，从而使政府成员自觉遵守政府的各种行为规范。③激励程度。为完成执行任务，政府内部是否具有强烈的热情和高昂的士气，成员之间是否具有团结协作的精神，内部成员是否致力于提升自身业务水平。④满足程度。政府的执行价值观是否能与其成员的价值观念相互融合与促进，使其在完成执行任务的同时得到精神上的鼓舞和满足。

三是经济环境支持力。经济基础决定上层建筑，政府执行活动作为一种政治现象，它的执行同样要受到经济环境的制约和影响。一般来说，经济实力影响着政府执行的可行性，任何一个政府执行活动都必须首先立足于本地区的经济实力。其衡量指标包括：①GDP总量，即按市场价格计算的一个地区所有常驻单位在一定时期内生产活动的最终成果，反映地方政府所辖区域内的经济总量水平和经济运行质量情况。②GDP增长率，表示地方政府所辖区域内经济发展速度，体现这一地区经济形势总的动向，是反映经济发展水平的基本指标。③人均GDP，是指当地年度GDP总量与人口总数之比，反映地方政府所辖区域内人均经济占有量水平，衡量该地区经济发展的效益水平。

四是自然环境支持力。自然环境是供人类社会生存的生物资源和非生

---

① 廖东岚. 地方政府政策执行力评价体系研究 [D]. 广州大学硕士学位论文，2012.

第七章 我国政府执行力提升的绩效方略

物资源,是人类赖以生存的场所和创造文明的自然前提。这里的自然环境指地方政府所处区域的地理位置和自然资源状况,作为政府执行环境的一个重要方面,对政府执行有着直接或间接的影响。其衡量指标包括:①地理位置优越度。地理位置不仅为社会发展提供各种可能性,也为政府执行提供一些必要条件。②自然资源丰富度。自然资源有很多种,能源、土地资源、水资源等是支持社会发展的三大核心资源。相当多的政策都会涉及自然资源,特别是与执行政策相关的自然资源。因此,自然资源丰富与否也会影响政策的执行。

(6)执行效力。执行效力主要反映地方政府执行的成果和收效,具体可分为执行效度和社会满意度两个次准则层指标。

一是执行效度。一项政策一旦付诸实行,其效果便开始逐步显现。执行效度即政府执行的时效如何,以及政府执行后能够在多大程度上实现预期政策目标,其衡量指标包括:①执行时效度。政策执行时效度是指不仅要求执行的总体任务及时完成,而且要求执行过程中的每一个具体环节、每一项具体任务都有明确的时间要求。执行时效度可以克服和防止执行主体的随意性和随机性,保持执行行为的连贯。②目标实现度。通过政府执行活动之后的实际成效与预期目标相比较,观察政府所进行的执行活动是否解决了实际困难和问题,与预期目标还有多大差距,从而评价任务目标的实现程度。执行目标实现程度越高,执行能力越强。③执行效益度。执行效益度反映了政策实施以后的现状改变的实际效果。人的任何行为都是要讲效益的,政府执行也不例外。

二是社会满意度。满意度反映心理感受满足的程度,体现为对事实反应和情绪上的满足。这里是指政府部门在完成一项政策后,其结果是否能够被公众所接受,是否获得上级(中央)政府的认可,是否满足了特定社会团体的需求。其衡量指标包括:①上级对执行结果的认同度。反映上级(中央)政府对地方政府的执行结果是否满意,是否实现了其所期望的目标的程度。②民众对执行结果的满意度。这一指标是从公众的角度考察政府执行效果的标准指数。随着社会主义民主政治的发展,公众满意度已越来越成为衡量政府工作绩效的一个重要指标。③媒体对执行结果的赞扬度。这一指标从新闻监督的角度考察政府执行效果。一般来说，媒体的评价具有及时性、敏锐性和广泛传播性，能够对政府执行情况进行强有力的外部评价和监督。

二、测评指标体系的使用

政府执行力测评指标体系制定后，为进一步提高其使用价值，还涉及如何对指标设定权重、如何进行数量取值、如何开展计算以及如何检验效度和信度等问题。

（一）关于指标的权重问题

以上的工作仅确定了测评指标体系的内容，然而在选用多种指标进行综合测评时，有的测评指标对测评对象影响程度大，有的测评指标对测评对象影响程度小，这就需要对各个指标赋予不同的权重。同一组指标数值，不同的权重系数，会导致截然不同的测评结论。确定指标权重的方法还有很多种，在实际操作当中，主要有比较平均法、专家评定法、层次分析法、模糊统计法、因子分析法等。目前，权重的确定基本上已经由个人经验决策转向专家集体决策，而专家评定法（即简化后的德尔菲法）采用得比较广泛，主要步骤是请有较深理论造诣和实践经验的专家、官员对各项指标的重要程度打分赋值，然后根据平均打分结果确定执行力测评指标的权重。基于以上步骤，笔者尝试得出了以上指标的权重（见表7-2）。

表7-2 政府执行力测评指标体系权重

准则层	权重	次准则层	权重	指标层	权重
B1 政策认知力	0.16	C1 执行政策拥护度	0.51	D1 对上级政策的感情认同度	0.385
				D2 对上级政策的理解准确度	0.335
				D3 对上级政策的决断度	0.28
		C2 执行方案规划能力	0.49	D4 方案决策民主度	0.227
				D5 方案决策科学度	0.273
				D6 方案目标与上级政策目标一致度	0.20
				D7 方案本地化程度	0.15
				D8 方案的灵活度	0.15

续表

准则层	权重	次准则层	权重	指标层	权重
B2 执行主体优化力	0.18	C3 组织合理度	0.50	D9 组织结构规范度	0.45
				D10 职能设置合理度	0.55
		C4 人员适配度	0.50	D11 人员受教育程度	0.32
				D12 人员业务能力	0.38
				D13 人员结构互补度	0.30
B3 组织控制力	0.16	C5 执行协同度	0.31	D14 执行部门内部协调度	0.36
				D15 执行部门之间协调度	0.35
				D16 执行部门与目标团体间协调度	0.29
		C6 组织运行度	0.37	D17 组织制度完备度	0.56
				D18 组织机制灵活度	0.44
		C7 控制纠偏度	0.32	D19 监控有效度	0.31
				D20 偏差纠正度	0.37
				D21 危机处理度	0.32
B4 资源调配力	0.17	C8 财力资源调配力	0.35	D22 政府财政收入占本地 GDP 比重	0.28
				D23 政府执行经费占政府支出比重	0.33
				D24 执行实用经费与预算经费比重	0.39
		C9 信息资源调配力	0.34	D25 信息技术使用度	0.31
				D26 信息获取及时度	0.37
				D27 信息质量真实度	0.32
		C10 权威资源调配力	0.31	D28 政府形象度	0.41
				D29 政府公信力	0.59
B5 执行环境支持力	0.14	C11 政治环境支持力	0.28	D30 民众对政府的认同度	0.47
				D31 民众对政策的认同接受度	0.53
		C12 文化环境支持力	0.22	D32 引导程度	0.32
				D33 约束程度	0.24
				D34 激励程度	0.23
				D35 满足程度	0.21

续表

准则层	权重	次准则层	权重	指标层	权重
B5 执行环境支持力	0.14	C13 经济环境支持力	0.26	D36 GDP 总量	0.31
				D37 GDP 增长率	0.32
				D38 人均 GDP	0.37
		C14 自然环境支持力	0.24	D39 地理位置优越度	0.51
				D40 自然资源丰富度	0.49
B6 执行效力	0.19	C15 执行效度	0.49	D41 执行时效度	0.32
				D42 目标实现度	0.35
				D43 执行效益度	0.33
		C16 社会满意度	0.51	D44 上级对执行结果的认同度	0.42
				D45 民众对执行结果的满意度	0.32
				D46 媒体对执行结果的赞扬度	0.26

(二) 关于进行测评的量化问题

要实现对政府执行力水平的测评，仅有测评指标体系是不够的，还需要对测评指标进行量化，把政府执行力的某一特征或表现形式，与某一数量建立对应关系，使测评中不便处理的信息得到统一的数学处理，主要包括测评标志以及标度的设计。

(1) 政府执行力测评指标的测评标志。一般来讲，指标解决的是我们需要测评"什么"的问题，但仅有指标，还不能从指标中提取有效的数据，这就需要对指标的关键可辨特征进行研究，也就是需要测评标志（测评标志是对测评指标做出好坏、强弱、高低等评价的关键可辨特征），借以反映执行人员做得"怎样"或"实现多少"的问题，也就是在各个指标上分别达到什么样的水平或程度。为便于问卷调查过程中被调查者对指标的理解、判断，本书拟以问句的形式确定测评的具体标志。如表 7-3 所示。

表 7-3　政府执行力测评指标的测评标志

指标层	指标标志（调查问题）
D1 对上级政策的感情认同度	您认为政府对上级政策是否真心认同、拥护？
D2 对上级政策的理解准确度	您认为政府是否准确理解了上级政策的本义？
D3 对上级政策的决断度	您认为政府为落实上级政策是否迅速制定了贯彻措施？
D4 方案决策民主度	您认为政府在制定政策时是否充分发扬了民主，广泛征求了有关部门、专家和公众的意见？
D5 方案决策科学度	您认为政府在制定政策时是否充分考虑了现实条件、尊重了事物发展的客观规律？
D6 方案目标与上级政策目标一致度	您认为政府制定的方案目标是否与上级政策目标保持了高度一致？
D7 方案本地化程度	您认为政府制定的方案是否充分考虑了当地的实际情况？
D8 方案的灵活度	您认为政府的方案是否能适应主客观条件的变化？
D9 组织结构规范度	您认为组织结构的设置规范吗？
D10 职能设置合理度	您认为执行部门对自己的权利和义务设置对等、合理吗？
D11 人员受教育程度	您认为执行部门人员的受教育程度怎样？
D12 人员业务能力	您认为执行部门人员的实际执行能力怎样？
D13 人员结构互补度	您认为执行人员在年龄结构、知识结构、性别结构、能力结构等方面是否互补？
D14 执行部门内部协调度	您认为执行部门内部是否和谐顺畅？
D15 执行部门之间协调度	您认为执行部门之间是否和谐顺畅？
D16 执行部门与目标团体间协调度	您认为执行部门是否与执行的目标团体进行了有效的沟通协调？
D17 组织制度完备度	您认为组织制度是否规定了单位的组织指挥系统，明确了人与人之间的分工和协调关系，并规定各部门及其成员的职权和职责？
D18 组织机制灵活度	您认为执行部门是否让每个组织成员或下属单位获得独立处理问题的能力，发挥组织成员的创造性？
D19 监控有效度	您认为执行过程中监控是否有效？
D20 偏差纠正度	您认为政府组织的管理者是否采取了一定的纠正措施，使执行回到正确的方向并且消除不良后果？
D21 危机处理度	您认为执行部门是否迅速地对危机做出反应，并有效地控制、消除危机？
D22 政府财政收入占本地 GDP 比重	通过这一数据，您认为政府汲取财力资源的能力如何？

续表

指标层	指标标志（调查问题）
D23 政府执行经费占政府支出比重	通过这一数据，您认为政府对执行的重视程度如何？
D24 执行实用经费与预算经费比重	通过这一数据，您认为政府使用经费的能力如何？
D25 信息技术使用度	您认为政府在执行过程中使用信息技术的程度如何？
D26 信息获取及时度	您认为政府在执行过程中是否及时获取相关信息？
D27 信息质量真实度	您认为政府在执行过程中获取的信息是否真实可靠？
D28 政府形象度	您认为政府在公众心目中的总体印象和评价如何？
D29 政府公信力	您认为政府是否言必信、行必果，具有较强的影响力和号召力？
D30 民众对政府的认同度	您认为民众是否真心拥护政府？
D31 民众对政策的认同接受度	您认为民众是否认同政府制定的政策科学有效？
D32 引导程度	您认为政府是否能引导执行主体自身的价值目标与政府目标相一致？
D33 约束程度	您认为政府是否能通过价值认同的方式对政府成员进行约束？
D34 激励程度	您认为政府内部是否对执行任务保持高度的热情和高昂的士气？
D35 满足程度	您认为政府的执行价值观是否能与其成员的价值观念相互融合与促进？
D36 GDP 总量	通过这一数据，您认为该地区总体经济水平如何？
D37 GDP 增长率	通过这一数据，您认为该地区总体经济增长水平如何？
D38 人均 GDP	通过这一数据，您认为该地区经济效益水平如何？
D39 地理位置优越度	您认为该地区执行有关政策区位优势怎样？
D40 自然资源丰富度	您认为该地区是否有丰富的能源、土地资源、水资源等自然资源？
D41 执行时效度	您认为执行任务是否在规定时限内完成？
D42 目标实现度	您认为通过执行活动是否达到了预期目标？
D43 执行效益度	您认为是否以合理的投入取得了较好的效果？
D44 上级对执行结果的认同度	您认为上级对政府执行效果认同程度怎样？
D45 民众对执行结果的满意度	您认为民众对政府执行效果满意程度怎样？
D46 媒体对执行效果的赞扬度	您认为主要媒体对政府执行效果赞扬程度怎样？

（2）政府执行力测评指标的测评标度。标度，即评定的档次，它可以是定性的（如"优、良、中、差"或者"非常同意、同意、不确定、不同意、非常不同意"等），也可以是定量的（如用数字表示各档次）。总的来说，测评标度是揭示测评要素或标志的程度差异，有等级、量词和数量式三种①。有了对测评指标的标度判断后，按照一定的规则给这些判断赋予相应的数值，使测评的各项结果表现为分数，把对测评对象的主观测评转变为有分值体现的客观测评，提高测评的科学性和有效性。本书试采用李克特量表设定测评标度来量化指标。李克特量表（Likert Scale）是评分加总式量表最常用的一种，它是由美国社会心理学家李克特于1932年在原有的总加量表基础上改进而成的。该量表由一组陈述组成，每一陈述有"非常同意""同意""不一定""不同意""非常不同意"五种回答，分别记为1、2、3、4、5，每个被调查者的态度总分就是他对各道题回答所得分数的加总，这一总分可说明他的态度强弱或在这一量表上的不同状态②。如表7-4所示。

表7-4 政府执行力测评指标的测评标度

非常好	好	一般	不好	非常不好
非常高	高	一般	低	非常低
非常强	强	一般	弱	非常弱
非常明确	明确	一般	模糊	非常模糊
非常合理	合理	一般	不合理	非常不合理

（3）政府执行力测评指标量化表。测评指标的测评标志和测评标度都已经设计好之后，统计者再根据李克特量表，对相应的测评标度赋予相应的分值，从而实现对测评结果的量化处理。总的来说，通过对测评指标的量化，使政府执行力测评能够由个体的感性判断上升到群体的理性判断，从模糊的体验式测评转化为明确清晰的量化测评③。如表7-5所示。

---

① 赵曼，陈全明.公共部门人力资源管理［M］.北京：清华大学出版社，2005.
② 亓莱滨.李克特量表的统计学分析与模糊综合评判［J］.山东科学，2006（2）.
③ 范克新.社会学定量方法［M］.南京：南京大学出版社，2004.

绩效视角下我国政府执行力提升研究

表7-5 测评指标量化表

测评指标	测评标志	测评标度及数值				
		非常好(强)	好(强)	一般	不好(强)	非常不好(强)
对上级政策的感情认同度	您认为政府对上级政策是否真心认同、拥护？	100	80	60	40	20
对上级政策的理解准确度	您认为政府是否准确理解了上级政策的本义？	100	80	60	40	20
对上级政策的决断度	您认为政府为执行上级政策是否迅速制定了贯彻措施？	100	80	60	40	20

（三）关于开展综合计算的问题

对测评结果进行量化处理之后，接下来就要对这些测评信息进行处理。鉴于政府执行力的每一个指标都被赋予相应的权重，而且每个指标的权重数值大小不一定相同，因此可以采用加权综合的方法来进行。比如，对某一政策的执行效果进行抽样测评，选取n位人员进行调查，发放调查问卷并进行回收后，对这n份调查问卷结果进行定量处理，然后结合对应的权数，运用综合公式计算出政府在执行该项政策的过程中所体现出来的执行力的大小。以准则层指标政策认知力为例，具体计算公式及步骤如表7-6所示：

表7-6 政策认知力指标及权重表

准则层	权重	次准则层	权重	指标层	权重
B1 政策认知力	0.16 ωB1	C1 执行政策拥护度	0.51 ωC1	D1 对上级政策的感情认同度	0.385 ωD1
				D2 对上级政策的理解准确度	0.335 ωD2
				D3 对上级政策的决断度	0.28 ωD3
		C2 执行方案规划力	0.49 ωC2	D4 方案决策民主度	0.227 ωD4
				D5 方案决策科学度	0.273 ωD5

续表

准则层	权重	次准则层	权重	指标层	权重
B1 政策认知力	0.16 ωB1	C2 执行方案规划力	0.49 ωC2	D6 方案目标与上级政策目标一致度	0.20 ωD6
				D7 方案本地化程度	0.15 ωD7
				D8 方案灵活度	0.15 ωD8

第一步：求指标层指标的分值。

把第一份问卷 D1 的值设为 $D1_1$，第二份问卷 D1 的值设为 $D1_2$，那么第 n 份问卷 D1 的值为 $D1_n$，可知 D1 的分值为 n 份有效调查问卷中 D1 的分值的和除以 n，计算公式可以表示为：

$$D1 = \frac{D1_1 + D1_2 + D1_3 + \cdots + D1_n}{n} = \frac{1}{n}\sum_{i=1}^{n} D1_i$$

$$D2 = \frac{D2_1 + D2_2 + D2_3 + \cdots + D2_n}{n} = \frac{1}{n}\sum_{i=1}^{n} D2_i$$

同理可求得 D3，D4，D5，…，D44，D45，D46 的分值。

第二步：根据第一步算出的指标层指标的分值计算次准则层指标的分值。

可知 C1 的分值为第一步算出的 D1、D2、D3 各项分值分别乘以它们各自相应权重之后所得分值的和，计算公式可以表示为：

$$C1 = \frac{\omega D1 \sum_{i=1}^{n} D1_i + \omega D2 \sum_{i=1}^{n} D2_i + \omega D3 \sum_{i=1}^{n} D3_i}{n}$$

$$C2 = \frac{\omega D4 \sum_{i=1}^{n} D4_i + \omega D5 \sum_{i=1}^{n} D5_i + \omega D6 \sum_{i=1}^{n} D6_i + \omega D7 \sum_{i=1}^{n} D7_i + \omega D8 \sum_{i=1}^{n} D8_i}{n}$$

同理可求得 C3，C4，…，C15，C16 的分值。

第三步：根据第二步算出的次准则层指标的分值计算准则层指标的分值。

可知 B1 的分值为第二步算出的 C1、C2 分值分别乘以它们各自相应权重之后所得分值的和，计算公式可以表示为：

政策认知力 $B1 = \omega C1 \times C1 + \omega C2 \times C2$

同理可以求得 B2、B3、B4、B5、B6 的分值：

执行主体优化力 $B2 = \omega C3 \times C3 + \omega C4 \times C4$

组织控制力 $B3 = \omega C5 \times C5 + \omega C6 \times C6 + \omega C7 \times C7$

资源调配力 $B4 = \omega C8 \times C8 + \omega C9 \times C9 + \omega C10 \times C10$

执行环境支持力 $B5 = \omega C11 \times C11 + \omega C12 \times C12 + \omega C13 \times C13 + \omega C14 \times C14$

执行效力 $B6 = \omega C15 \times C15 + \omega C16 \times C16$

第四步：根据第三步算出的准则层指标的分值计算出目标层指标的分值，即政府执行力的分值。A 的分值为 B1、B2、B3、B4、B5、B6 分值分别乘以它们各自相应权重之后所得分值的和。可以用以下公式表示：

政府执行力 $A = \omega B1 \times B1 + \omega B2 \times B2 + \omega B3 \times B3 + \omega B4 \times B4 + \omega B5 \times B5 + \omega B6 \times B6$

这样就可以根据调查问卷定量处理后的各指标的数据，结合设定好的各指标权重，逐层逐步算出政府执行力所体现的分值，A 的分值越高说明政府执行力越强，A 的分值越低说明政府执行力越弱。

（四）关于效度及信度检验的问题

此外，为了确保测量的准确性，还要关注两项技术性指标：信度（Reliability）和效度（Validity）[①]。信度和效度是检测测评工具是否科学、可靠、有效的技术指标。信度主要是对研究对象而言的，它回答研究前后度量的事实、数据是否一致的问题，即结果的可靠性问题，如果政府执行力的测评结果是一致或稳定的，就说明测评的信度是高的，如果几次测量的结果都不相同，而且差距悬殊，那么则可以说它的信度很低。效度则是对研究的问题而言，它主要回答度量工具是否有效，即研究的正确性问题[②]，如果政府执行力测评正确地反映了考察的内容和基本特征，说明

[①] 艾尔·巴比. 社会研究方法 [M]. 丘泽奇译. 北京：华夏出版社，2005.
[②] 吴建南. 公共管理研究方法导论 [M]. 北京：科技出版社，2006.

效度是高的，反之则为无效的。一般而言，测量的信度和效度相互联系又相互制约，信度是效度的必要条件，如果一个测量缺乏信度，那么其效度会受到很大影响，但如果一个测评缺乏效度，再高的信度也没有意义。现实中，人们更加关心测评是否揭示了其基本特征、是否反映了执行力的成效，从某种意义上说，效度比信度更为重要。

第四节　进一步完善政府绩效管理的流程与方法

针对上文提出的绩效管理流程和方法使用问题，笔者建议：

一要明确绩效管理的实施步骤。绩效管理的流程设计，主要是规范政府绩效管理的总体运行模式和循环过程，提高绩效管理实施操作的实用性，具体而言，应包括如下环节及步骤：一是绩效计划制定，首先要界定组织定位和年度总目标，其次要结合组织人事、预算安排，对年度总目标进行分解，设定具体的工作计划和业务单元。二是绩效监控，绩效管理者要不断收集、整理、分析与绩效有关的信息资料，监督绩效计划的实施情况。三是绩效评估，要组织建立科学的绩效指标体系，选择有关数据的收集方式，同时要进行跟踪管理，及时掌握绩效状况，并根据绩效进展情况，做出绩效分析报告。四是结果反馈，主要是将结果运用于人事考核、奖励等方面，但特别要注意对绩效落后部门或个人进行原因分析、绩效辅导，并引入绩效改善计划①。

二要加强对政府绩效的过程管理。政府绩效的过程管理指绩效管理主体以绩效计划中确定的管理节点、阶段目标为依据对绩效管理对象进行日常监督和管理，这是绩效管理常态化的应有之义。当前，一是探索合理的工作模式，可以采取月度自我管理、季度监督检查、半年工作通报等多种

---

① 陈小钢.基于流程优化的政府绩效管理研究［D］.暨南大学博士学位论文，2006.

方式相结合的方式。月度自我管理主要是绩效管理对象按月对绩效计划完成情况进行自我评价。季度监督检查主要是绩效管理主体每季度对绩效管理对象进行专项监督检查，并提供相关业务指导。半年工作通报指在绩效管理对象半年自评报告基础上，对各绩效指标进展情况、初步成果以及存在问题进行通报，以奖励先进、督促落后。二是建立内部监控机制，要建立重点工作任务和关键指标的日常监控机制，掌握工作进度和重点指标完成情况，发现问题及时纠偏，确保绩效计划得到有效执行和全面完成。三是强化外部监督，要充分发挥新闻媒体、社会力量的监督作用，定期对执行部门和执行人员的工作绩效明察暗访，对绩效管理内部检查、外部监督中发现的问题要全面梳理、深入分析，着力从工作机制上查找原因，形成良好的绩效管理工作机制。

三要兼顾个人绩效与组织绩效的管理。我国政府绩效管理体系是由组织绩效管理和公务员个体绩效管理共同组成的，因此，在绩效管理流程各个环节的运作中，都必须兼顾个人绩效与组织绩效。针对目前绩效管理实践片面强调个人绩效管理的现状，下一步在工作中应当突出组织绩效管理的作用。在绩效计划环节，公务员个人的绩效计划执行要时刻向组织目标靠拢，并根据组织目标的变动做出相应的调整；在绩效监控环节，除了考察个人绩效的完成情况，还要看组织绩效计划的实现程度；在绩效评估环节，要由对公务员个体的绩效评估过渡到对个人和组织绩效的共同评估；在绩效反馈和结果应用阶段，要同时将结果反馈给个人和组织，以便今后两者绩效的共同改进。

四要持续不断地进行绩效沟通。绩效管理的运行是一个动态检讨和持续改进的过程，是各级人员之间持续沟通的过程。为了提高组织绩效管理的效益性与时效性，持续不断进行绩效沟通已经成为不可或缺的环节。针对当前绩效沟通不畅的情况，一是提高对绩效沟通的认识，进一步加强教育引导，让有关单位以及干部职工充分认识到绩效沟通的重要性，即良好沟通关系到评估效果的好坏，关系到整体组织绩效目标的实现，同时也会对上级与下级的关系产生很大的影响。二是减少绩效沟通的层级，提高绩效沟通的成效。过多的沟通层级会提高沟通成本，当前，要注意上下级的双向沟通，既要有"自上而下"的沟通，也要有"自下而上"的沟通，相互沟通绩效管理的进展情况，交流绩效信息，并对绩效行为进行改进。三是有效利用非正式沟通，拓宽绩效沟通渠道。要力争使非正式沟通和正式沟通共同作用实现整体的绩效，同时对沟通渠道进行必要的调整、组合，增加一些新型的、速度快、效率高且群众乐于接受的渠道，比如充分利用网络信息技术，通过电子信箱以及 QQ 等方式。

五要选用合适的工作方法。一是坚持定性管理与定量管理的互补整合。相对于定性方法，定量评估建立在数据基础之上，显得效度、信度更高，更有说服力。但也不能一味抬高定量分析，认为量化比例越高越好，甚至对定性方法全盘否定。实际上，定量方法与定性方法是统一体的两个方面，缺一不可，绩效管理的评估内容有的适合进行定性分析，有些则适合进行量化分析。所以在政府绩效评估方法中，应当注意发挥两种方法的优势，将定性与定量结合起来，这样效果可能更为理想。二是选择恰当的绩效评估方法。绩效管理评估方法作为管理工具其本身并无对错、好坏之分，关键在于是否运用得当。对于我国政府部门来说，最流行的不一定是最好的，最适合的才是最有价值的。所以要根据不同情况，恰当选择关键绩效指标法、行政效率测定法、标准比较法、加权测评法等，不断提高绩效管理的针对性和实效性。三是注意评估方法在我国的本土化。随着新的定量化测评技术方法不断涌现，定量化方法越来越多地被应用于政府绩效测量，主要的方法如绩效标杆法、平衡计分卡、层次分析法、模糊综合评价法等。但在西方国家公共组织中可以应用的绩效评估工具在我国实践中却出现了"水土不服"的现象，究其原因，笔者认为我国有不同于西方国家的行政生态环境，因此，绩效评估方法在我国的有效运用必须考虑方法的适应问题，外来方法也需要考虑本土化的问题。

第五节　进一步完善公民参与绩效管理工作

为进一步促进公民参与政府绩效管理工作，笔者认为可采取以下措施：一要不断增强公众参与政府绩效管理方面的知识和能力。公众想要有效地参与到政府执行力绩效管理活动中并且发挥应有的作用，一定的知识和能力是必须具备的。目前笔者认为我国公众相对缺乏绩效管理方面的专业知识和实际经验。对此，一是应该培养公众对绩效管理工作的认识，运用电视、报纸、广播等媒体加大对政府绩效管理的宣传力度，使公众对政府绩效评估活动有一个清楚的了解和认识。二是积极开展公众参与绩效管理的活动，让公众在实践中不断总结经验，从而提高公众参与的能力。三是建立专门的培训咨询机构，对公众进行必要的培训。在这方面，可以借鉴国外的成功经验，比如美国罗格斯大学为新泽西州公众提供了业绩测评概念的培训，为公众提供了理解预算和业绩数据所需要的知识。

二要构建公众参与政府执行力评估的保障制度。随着我国公民社会的发展，当前公众参与政府执行力绩效管理的强烈诉求与参与制度化缺乏的矛盾已日益明显。要更加深入地推进公民参与政府执行力绩效管理的实践，必须在健全公民参与政府绩效评估制度上有进一步的突破。笔者认为，首先，要通过立法明确公民参与政府执行力评估的权利和义务，保障公民参与政府执行力评估的合法性和独立性，赋予公民在政府执行力评估中的信息获取、调查评估等权利，使公民参与政府执行力评估步入规范化和科学化轨道。其次，要建立系统规范的评估制度，明确公民参与政府绩效管理的实施步骤与程序，明确所享有的权利、义务以及公众参与评估结果的运用管理等内容。最后，还要建立责任制度，明确公民参与政府执行力评估的内部责任与外部责任，避免出现政府的"运动式"评估和公众参与的"搭便车"现象。当然，人们也欣喜地看到，有的地方政府已经在此方面积极探索，比如 2009 年 10 月 1 日开始实施的《哈尔滨市政府绩效管理条例》，该条例规定不仅绩效管理机构、政府及部门可以委托第三方机构开展绩效评估，其他高等院校、科研机构、社会中介组织和普通市民等也可在未受委托的情况下独立开展对政府及部门的绩效评估，从法律法规上明确了公民参与政府绩效评估的地位，从而对公民参与起到了很好的导向作用。

三要逐步实现公众全程参与。目前我国公民参与政府执行力评估的作用和影响力有限，公众扮演的只是"被动信息供给者"这个单一角色。当前，要科学设计公众参与机制，逐渐将公众的部分参与转变为全过程参与，逐步实现公众由单一的参与角色向综合的"信息供给和决策共享者"角色转变。笔者认为，一是继续拓宽公民参与评估的领域和范围。为方便社会公众知晓和监督，凡涉及公众切身利益的公共事务都应该主动公开，特别是对于与公众日常生活关系较为密切的民政、公安、社保、人事、环保、财税等领域，要进一步改进评估方式，积极接受公众的监督。二是继续深化公民主体参与的深度。公众评议不能仅停留在对政府绩效的评判和反映上，而应该真正参与到政府绩效的全过程中，从绩效计划的制定、绩效指标的设计、绩效监控、绩效评估、绩效结果的运用等环节，都应当充分听取公众的意见，甚至规定公众在其中应该发挥何种作用，如此方能充分发挥公民主体的参与价值。三是提高公民主体参与的理性度。现实情况表明，公民在参与政府执行力评估过程中也出现了一些非理性的现象，比如有的公众对政府执行力评估的状况"百般挑剔"甚至"一棒子打死"，有的借机发泄对政府的不满从而背离了公民参与执行力评估的初衷，影响了公民参与的效度，所以要注意将那些真正代表多数人利益的有效信息筛选出来，并排除大众情绪化因素对政府执行力评估造成的干扰。

四要进一步丰富公民参与政府执行力评估的方式方法。公众在政府绩效管理中选取的参与方法和渠道直接影响了公众参与的有效性。根据各地的实践经验，公众参与政府执行力评估的途径和方法主要有公开听证、民意调查、公民论坛、公民满意度测评、网上评议等。目前，我国公众评议实践普遍采用的是民意调查、满意度测评和网上评议三种。随着公民参与意识和参与能力的进一步提高，政府也要相应地拓展公众参与政府执行力

绩效视角下我国政府执行力提升研究

评估的方式和途径。笔者认为，在继续深入开展民意调查、公众满意度测评及广泛应用网上评议的基础上，一是建立公民论坛，鼓励公民自发组织，围绕社区内的公共问题积极开展讨论，为政府公共政策的制定提供参考。二是发展公民咨询委员会，鼓励公众就特定的政策议题有组织地参与政府政策制定过程，使公众更积极主动投身于政府绩效管理实践活动，检验和评定政府绩效活动，并对政府绩效的改善产生积极的影响。

第六节 不断优化对绩效结果的使用和管理

绩效管理是为了改进工作，提高绩效，不是为评估而评估。要对照评估结果与原定目标，从而发现工作中的不足，并在此基础上不断改进部门绩效。因此，评估结果的运用十分重要，必须将评估结果与被评估部门的财政预算、人事安排、组织建设和行政问责相结合，形成一种"制度合力"，起到监督鞭策的作用。

一是健全评估结果的反馈改进机制。目前有一种不太好的倾向，就是认为在绩效评估结果公布并评定等级后，绩效管理就结束了。其实，评估结果公布只是绩效改进的开始，应当认真总结工作的不足和有待改进的地方，并有针对性地制定整改措施和计划。所以，要不断健全评估结果的反馈改进机制，实行"评估—改良—反馈—再评估—再改良—再反馈"的良性循环，不断推动政府部门绩效的持续改进。

二是制定科学的奖惩制度。绩效评估结果要落到实处，就必须和奖惩挂起钩来，有奖有罚，才能鼓励先进、鞭策落后。对在绩效评估中连续取得优秀的被评者应在升职时予以优先考虑；评估结果排名落后或有重大失责情况的部门，应采取适当组织措施给予处理，促进政府绩效管理持续改进和提升。具体的措施可以根据评估结果对被评估者进行记功、嘉奖，或者进行离职培训等，特别是要对行政管理中执行不作为的人和事，责成相关部门限期整改，并视情节轻重，依据有关规定追究部门主管领导和相关责任人的责任。同时注意物质奖励与精神奖励并举，使政府绩效管理真正被重视起来而非仅仅流于形式。当然，运用评估结果要避免两个极端：①将评估结果束之高阁，与绩效奖惩完全脱节；②采取"一票否决"和"末位淘汰"等激进做法，在评估结果的运用上急功近利。

三是将绩效评估结果和绩效预算结合起来。绩效预算从源头上把财政支出和绩效评价关联起来，是以政府绩效评价结果为依据编制预算、执行预算、审查预算的一种公共支出模式。20世纪80年代的预算危机促使各国政府纷纷对预算制度进行改革，使绩效预算在西方发达国家得以兴起，许多国家都先后形成了以产出和结果为导向的预算改革，将绩效评估结果用于优化政府预算支出。发达国家实施绩效管理的经验表明，绩效管理能否得到落实，关键在于是否和绩效预算挂上了钩①。我国现行的政府预算模式，即按照基本预算支出加项目支出进行预算编制，并不以工作的好坏作为预算拨款的依据，与部门绩效无多大关系，很不利于调动各部门提高绩效的积极性。因此，要进一步完善现行预算制度，根据部门的实际绩效进行预算分配，实现预算编制前有规划、有评审，预算编制时计划与预算挂钩，预算执行中和预算执行后都有绩效评价，并以此作为调整本年度预算或编制下一年度预算的分配依据。

四是建立绩效结果运用的监管机制。绩效管理的意义在于评估的结果能得到有效的利用，但是如果没有强有力的监管，评估对象很难自觉主动地把绩效评估结果运用于管理实践中，因为评估结果的运用会直接涉及评估对象切身利益的调整或者损害。为此，必须建立并完善评估结果运用的监管机制，通过严格的监管措施敦促评估对象认真对待绩效评估结果并加以改进。

---

① 焦璞润.优化对政府绩效评估结果的利用与管理［J］.山东省农业干部管理学院学报，2008（5）.

第七节　不断加强我国政府执行力绩效管理的制度供给

针对上文提出的有关问题，笔者建议：

一要出台具有国家层级效力的政府绩效管理法，并努力探索多元化的立法保障体系。"无规矩不成方圆"，借鉴美国和其他国家推行政府绩效管理的成功经验，从可持续发展维度视之，为了回应政府绩效管理的实践诉求，一部国家层面的政府绩效立法对于加强绩效管理与执行力建设具有很重要的作用。当前，一方面，要通过国家立法对绩效管理的主体、程序、结果使用等进行明确规定，逐步实现政府执行力绩效管理的常规化、制度化；另一方面，必须确立政府执行力评价机构在政府机关中所处的地位和职能，进一步确立政府执行力评价的权威性，这样不仅能够保证执行力评价的稳定性、客观性，还能保证收集评价信息、开展评价活动、分析评价结果与提出改进方案等活动能够畅通无阻，并为政府绩效的实施、结果反馈利用做好铺垫。

在出台国家层面政府绩效管理法的同时，还要通过多元化立法保障绩效评估。一是在统一立法与分散立法的问题上，要协调好政府绩效管理法与相关法律、法规之间的关系，特别要使其他有关政府绩效管理的规定与政府绩效管理法相一致，以此建立政府绩效管理法的体系。比如，可以将过去国务院财政部、监察部门等有关部委制定的关于政府绩效管理方面的规章进行统一，重新整合制定一部《政府绩效管理实施条例》。这样，就可以形成以政府绩效管理法为基本法，以审计法、公务员法等为特别法，以及有关行政法规为实施细则的有机体系。二是在中央立法和地方立法的问题上，在政府绩效管理法的基础上，还要鼓励地方政府就某些具体问题、具体领域先行先试，并对实践中一些好的做法、好的经验及时固化上升到法制层面，从而实现多层次立法联动，共同推进政府绩效

第七章 我国政府执行力提升的绩效方略

管理的法治化。

二要坚持实体与程序并重。就一般意义而言，实体法是指以规定和确认权利和义务或职权和职责为主的法律，程序法是指以保证权利和义务得以实现或职权和职责得以履行的有关程序为主的法律。这两者相辅相成，缺一不可。没有实体性规定，程序性规定就无从谈起；没有程序性规定，实体性规定就难以得到有效、正当的落实。程序不规范，就很难实现结果的真实、准确、可信，也会影响绩效管理结果运用的合理性[①]。因此，政府绩效管理立法既要关注基本的实体性制度的构建，也要重视程序性制度的设计，从而构建完整的政府绩效管理的制度性框架。在规范政府绩效管理的程序立法方面，一是规范政府绩效管理的基本程序，包括制定绩效战略规划、编制年度绩效计划、建立绩效指标体系、开展绩效沟通、实施绩效监控、撰写绩效管理报告、加强绩效评估结果的运用等。二是规范绩效管理的具体方法，主要包括日常评估和年终评估、自我评估和上级评估、内部评估和外部评估、定性评估和定量评估相结合的方法等。

三要建立政府绩效管理的申诉制度与法律责任机制。由于绩效评估依赖于评估者去执行，很多方面又要依据评估者的一些经验判断，难免出现一些误差或不公平的问题。为了保证被评估人的合法权益，有必要建立一个机制，让评估对象对评估中的不当行为直接进行监督，而评估申诉制度无疑是一个很好的救济机制。一方面，通过评估申诉，对评估涉及的问题进行再评价，促进评估双方的良性互动，保障评估的顺利进行；另一方面，也可以通过评估申诉检验领导者组织实施绩效管理的水平和能力[②]。具体来讲，建立绩效评估申诉制度，就是要对受理绩效评估申诉机构、提出申诉的主体、参与申诉的主体、申诉范围、申诉的管辖、申诉程序、申诉决定的种类等做出明确规定。同时，还应当建立政府绩效评估的追责机制，明确有权实施责任追究的主体、承担责任的情形或条件、追究责任的程序、保障责任落实的措施等，从而建立起一套完整的绩效管理救济体

---

① 张红. 浅谈实体法与程序法的关系 [J]. 法制与社会，2012（4）.
② 申喜莲. 政府绩效评估创新研究 [D]. 中央民族大学博士学位论文，2012.

系，促进政府绩效管理公平、公正地进行。

四要建立健全绩效审计制度。绩效审计制度可以为政府绩效管理的有效实施提供强有力的制度支撑。它不仅是管理技术的创新，而且是管理理念的革新以及管理机制的转变，是政府优化公共资源配置和改进宏观调控的重要手段。绩效审计侧重从事后的角度将绩效结果和目标进行对照并在绩效管理中发挥制约性和建设性作用，尤其是在公共资金使用的相关决策形成的初始阶段就引入审计监督，有利于随时发现问题并及时向有关各方进行反馈①，能够保证政府公共资金的经济性、效率性和公平性。同时，通过政府绩效审计，还可以为社会公众提供准确的政绩信息，提高民主监督的质量，使政府更加自觉地履行公共责任。

五要加强绩效管理信息公开立法。对于政府绩效管理工作，信息的公开和透明是前提条件，如果信息不公开和不透明，就无法获知政府部门运行的状况。加强绩效管理信息公开立法，通过法律、法规的形式强制要求政府公开有关的信息，比如政府绩效评估的评估结论、评估等级、发现的问题、整改建议等内容以及整改情况和评估结果运用情况②，及时通过政府门户网站、报纸、刊物、电视台、新闻发布会等多种途径连续地、系统地、无障碍地向公众和社会公开，可以有效克服因公共服务的垄断性而产生的信息垄断，并调动广大公众的力量对政府进行监督和评估，提高政府绩效评估的信度和效果。

第八节　努力营造推动政府绩效管理的良好文化氛围

随着我国政治经济体制改革的不断深化，社会各界对各级政府在职能

---

① 刘杰. 我国政府绩效审计模式的研究 [D]. 沈阳大学硕士学位论文，2010.
② 申喜莲. 政府绩效评估创新研究 [D]. 中央民族大学博士学位论文，2012.

定位和工作方式上也提出了新的要求和目标。为尽快适应这一新形势新任务，政府部门必须在加强"硬约束"的同时，大力加强文化建设，充分发挥文化独有的影响渗透、同化改造、激励等"软性"作用①，以此来加快推动政府绩效管理机制的构建。

一是科学确立行政文化创新的目标形态。根据国际行政管理发展趋势，结合我国实际情况，行政文化创新的目标形态应包含以下几个方面的进一步转变：由人治型行政文化向法治型行政文化转变；由集权型行政文化向参与型行政文化转变；由封闭型行政文化向开放兼容型行政文化转变；由一般型行政文化向专业型行政文化转变；由管制型行政文化向服务型行政文化转变；由全能型行政文化向有限型行政文化转变；由依附型行政文化向自主型行政文化转变；由低效内耗型行政文化向高效协调型行政文化转变；由形式型行政文化向求真务实型行政文化转变。

二是正确对待传统和西方科学行政文化。首先，正确对待传统行政文化。一方面应当看到传统文化中的一些弊病，积极地进行改造；另一方面还应该看到任何文明都必须以一定的民族形式来体现，离开传统行政文化，就无法构建真正意义上的行政文化，中国行政文化创新离不开对传统行政组织文化的批判继承，应创造性地加以转换和更新。特别是为了克服谦逊求稳的中国文化因素对政府绩效管理的影响，加之上级政府在制定绩效目标时掌握的信息存在不对称等因素，在制定绩效目标时出现"棘轮效应"，绩效计划往往会偏低一些，因而，在绩效目标设定上，要按照实际能力，体现"跳起来摘桃子"要求，达到利用绩效目标进行的激励作用。此外，可以采取科学的手段和方法，如同类比较法、参照历史数据、回归分析等手段，使制定的绩效目标尽量客观实际，克服在绩效目标设定中偏低的问题②。同时，受中国文化中的"关系"哲学和"唯上"思想的影响，在设计政府绩效管理体系时，除了法律制度等约束外，还要强化监督机制

---

① 赵鹏. 当前我国政府绩效管理机制存在的问题及解决的文化与制度途径研究［D］. 河北师范大学硕士学位论文，2010.
② 魏四新，郭立宏. 文化因素对地方政府绩效管理的影响研究——基于霍夫斯塔德的跨文化视角［J］. 中国软科学，2010（3）.

的建设,谨防出现"数字出官""官出数字"等弄虚作假的问题。其次,借鉴西方科学的行政组织文化。西方行政组织文化虽然带有资产阶级色彩,但也包含许多先进的方面,如自由、平等、法制、权力制衡等观点,这些都是值得借鉴和吸收的。但是,这种借鉴和吸收绝不是"全盘西化",应辩证地分析西方行政组织文化,吸取其合理成分和成功经验,为我国行政组织文化创新服务。

三是积极引入企业文化。"企业文化是一个企业的经营之道、企业精神、职业道德、企业作风、员工科学文化素质和企业形象的总和。"[①] 绩效管理最先应用于工业领域,后逐渐扩展至经济、管理等领域,特别是它在企业管理领域得到不断丰富和发展,形成了一套较为完善和成熟的管理体系,并不断孕育出企业的绩效文化。我国的各级政府可以针对政府绩效管理中存在的问题,从发掘和借鉴企业文化所倡导的绩效理念入手,进而将企业文化渗透到行政管理改革中去,增强管理文化与绩效管理的匹配性,从而能够为健全和完善政府绩效管理机制开辟一条新的道路。一要引入企业文化的开放性与融合性特质,加强政府与广大人民群众的经常性沟通与交流,提升行政决策与管理活动的公开透明度,同时重视来自社会各方面有效的监督,并且在政府内部鼓励竞争,建立相应的监督与激励机制。二要引入企业文化的"顾客导向"原则,各级政府及其工作人员必须始终将广大人民群众看作是接受公共服务的顾客,把满足民众的需求和提升民众的满意度作为履职的方向和目标。三要引入企业文化中的竞争观念和效益意识,在行政管理中努力做到节约资源、缩减成本,真正实现公共管理的集约化、效能化[②]。

四是倡导科技文化。"科技文化,是随着科技不断发展而形成的制约和规范人类生产生活的程序、方法、规则的集合体,体现了科技和政治、经济、文化、教育等社会各个领域的紧密结合,是一个包括伦理规范、法律

[①] 沈亚平,王骚. 公共管理案例分析 [M]. 天津:天津大学出版社,2006.
[②] 赵鹏. 当前我国政府绩效管理机制存在的问题及解决的文化与制度途径研究 [D]. 河北师范大学硕士学位论文,2010.

规范、政策规范和组织规范在内的完整系统。"① 当今社会，科技文化已成为政府绩效管理不可或缺的重要支撑。当前，各级政府部门一要不断学习处于当今世界前沿的科技文化知识，特别是学习和掌握有关的网络知识、管理学知识、行政学知识、法律知识。二要强化对电子政务的认识，加强电子政务信息资源建设，积极利用信息技术和其他相关技术对传统的政府行政理念、公共管理模式及具体流程进行必要的调整与改革，从而推动政府绩效管理的改革，促进形成更加适合时代要求的政府结构和运行方式。

---

① 陈昌曙. 技术哲学新论 [M]. 北京：科学出版社，1999.

第八章 一种实践探索：通过督查与绩效管理相结合的方式促进政府执行力的提升

第一节 政府绩效管理机构的职责及类型

政府绩效管理是否能够顺利达到预期的目标，很大程度上取决于管理者的组织和谋划，因此建立和健全合理的绩效管理机构是推进政府绩效管理活动顺利开展的重要保证。具体而言，政府绩效管理机构是指组织和协调各级政府组织及部门根据各自目标和职能设定绩效目标，并对目标实施的过程及结果进行监控、评价和反馈的机构。作为政府绩效管理的组织者和实施者，政府绩效管理机构在政府绩效管理实施的过程中起着十分重要的作用，其主要职责包括：政府绩效管理模式的选择、创新和流程设计；参与和指导政府绩效评价指标体系的设计；政府绩效评价主体的选择与培训；评价周期、评价方法及相关资源的协调安排；政府绩效评价结果的收集；政府绩效评价结果的管理[①]。

政府绩效管理机构通常可以分为内部管理机构和外部管理结构。其中，内部管理机构是指政府内部负责组织管理政府绩效的机构，这是世界各国政府绩效管理实践中最为常用的形式。比如英国的"雷纳评审"、美

[①] 方振邦. 政府绩效管理［M］. 北京：中国人民大学出版社，2012.

国的"政府再造"、中国青岛市全面实施的"目标绩效管理"都属于这种类型。具体而言，政府绩效的内部管理机构又包括上级政府部门和专职管理机构。上级政府是下级政府绩效管理的天然组织者，因为上级政府熟悉和了解下级政府的职能、职责和发展需求，由上级政府对下级政府进行绩效管理的指导、监督和评价，非常有利于下级政府绩效管理工作的顺利开展。专职管理机构是政府内部组建的，专门负责各级政府绩效管理活动的组织、开展、协调和指导工作的机构。比如美国联邦政府与预算办公室负责审批各部的年度绩效计划，总审计署负责对政府机构进行绩效评价并向国会和公众公布评价结果。英国的审计办公室负责中央政府机构的绩效评价，审计委员会负责地方政府的绩效评价。在我国，2011年经国务院批复建立了政府绩效管理工作部际联席会议制度，来指导和推动我国的绩效管理工作。联席会议由中华人民共和国监察部、中共中央组织部、中央机构编制委员会办公室、中华人民共和国国家发展和改革委员会、中华人民共和国财政部、中华人民共和国人力资源和社会保障部（公务员局）、中华人民共和国审计署、国家统计局、国务院法制办公室九个部门组成，中华人民共和国监察部为牵头部门，联席会议办公室设在中华人民共和国监察部。联席会议主要有五项职能：一是研究提出加强政府绩效管理的相关政策和措施；二是组织协调和综合指导国务院各部门和各省（区、市）开展政府绩效管理工作；三是组织拟定政府绩效评估指标体系、程序和具体办法；四是组织推动和监督政府绩效管理各项工作的落实；五是研究与政府绩效管理工作有关的其他重大问题，向国务院提出建议。通过长期政府绩效管理的实践可以发现，政府内部的绩效管理机构熟悉和了解政府部门的工作，易于掌握全面、准确的绩效信息，同时能够确保绩效评价结果的合理使用。

外部管理机构主要指政府以外的负责组织、协调和指导政府绩效管理活动的机构，主要有立法机关建立的绩效管理机构和社会中介评价机构。立法机关作为公众意愿的代表，可以成为政府绩效的监督和评价者，通过设立专门的绩效管理机构，运用现代的科学技术，帮助公民充分行使监督政府绩效的权利，比较有权威性。社会中介评价机构，也称民间评价机

第八章 一种实践探索：通过督查与绩效管理相结合的方式促进政府执行力的提升

构，是独立于政府组织之外的对政府绩效进行独立评价的机构，这种机构可以发挥专家、学者的经验和知识优势，同时，与政府组织相比具有较强的成本意识和效率观念。比如，美国的锡拉丘兹大学坎贝尔研究所每年对各州或市的政府绩效进行评价并发布绩效评价报告。

第二节　关于我国政府绩效管理主体的选择

为有效推进政府绩效管理工作，管理机构的设置和运转体制非常重要。一般而言，有力的政府绩效管理主体需满足三个条件：一是具有足够的权威。政府绩效管理工作是一项具有综合性、复杂性、系统性特点且涉及面广的工作，同时是一项实施难度大、阻力大的工作，如果政府绩效管理机构没有高度权威，不仅工作效率难以保证，政府绩效结果使用管理的效果大打折扣，而且还会误导人们对绩效管理的认识，对绩效管理的重要作用、意义等产生质疑。二是工作效率要高。政府绩效管理工作作为提高政府执行力的基础工程和战略工程，政府执行力对效率的价值追求也要求政府绩效管理工作必须提高工作时效和工作效率，这就要求政府绩效管理机构必须及时掌握和获得全面、准确的信息，必须有效组织绩效管理的各项工作，并及时反馈绩效结果。三是专业性要强。政府绩效管理是一项专业性比较强的工作，涉及学科领域多、环节多，技术要求高，这就要求政府绩效管理机构必须具有较强的经验和技术优势，必须有一支高素质的管理队伍。

如前文所述，目前，我国国务院建立了政府绩效管理工作部际联席会议制度，初步建立了政府绩效管理工作的领导体制和工作机制，在地方政府层面，也有一些省份比如广东省等相应成立了联席会议或领导小组。应该说，从打开工作局面看，从中央到地方普遍成立政府绩效管理工作的联席会议制度，建立政府绩效管理的领导体制和工作机制，有利于促进政府绩效管理工作的迅速推进和部门之间的工作协调。但这种领导体制和运行机制也有其不利因素。比如监察部门不了解各部门的具体行政业务，对如何制定绩效管理方案、拟定绩效目标、构建绩效管理评估指标、采用什么评估方法不熟悉。并且，监察部门的主要任务在于抓好工作作风的建设，随着纪检机关的机构改革更加趋向抓好主要业务，绩效管理工作的组织开展则比较松散。实践证明，以监察部门牵头推行政府绩效管理工作效果并不明显，涉及的有关部门开展绩效管理各行其是，在开展顶层设计、有效组织实施和结果使用工作等方面亟待加强。因此，为确保政府绩效管理科学推进及其作用的有效发挥，需要进一步健全绩效管理领导体制，优化组织体系，消除各自为政、分散管理的现象。从长远看，笔者认为，应明确统一的、自上而下的领导机构或主管机构。因为政府绩效管理制度涉及国家大局或工作全局，只有建立权威性高、协调力强的领导体制，才能推动各地区、各部门把绩效管理摆在重要位置，才能确保绩效管理工作顺利开展。借鉴其他一些国家的经验，笔者认为，在我国应加快组建全国绩效管理委员会，由党和国家领导人担任委员会主任，中共中央办公厅或中华人民共和国国务院办公厅（督查部门）、中华人民共和国财政部、中华人民共和国审计署、中共中央组织部、中华人民共和国人力资源和社会保障部等共同参与，统一指导各地各部门的绩效管理工作。这样可以发挥中共中央办公厅或中华人民共和国国务院办公厅的权威优势和便捷优势，同时可以充分发挥各专业部门的技术和业务优势，并且由党和国家领导人担任绩效委员会主任，可以提高绩效委员会的工作效率，加快工作进程。选择由党政督查部门成为牵头部门，主要出于以下几点考虑：

一是党政督查机构具有高度的权威性。督查工作是推动重大决策部署贯彻落实的重要环节，对于促进科学决策、加强作风建设、密切党同人民群众血肉联系具有重要作用。中国共产党历来高度重视并不断加强督促检查工作，毛泽东同志提出，"工作检查，党委有责"。邓小平同志说过，"对于上级的命令和指示，在实行中，且时时注意着检查，务使贯彻到底"。江泽民同志明确提出，"开展督促检查是一个重要的领导环节和领导方法，此事切不可放松"。胡锦涛同志强调，"要建立健全抓落实的领导机制和工作机制，不断完善和严格执行责任制度、督查制度、考核制度"。

习近平同志指出,"对来自党中央的重要批示指示,通过建章立制、督促检查等手段,一个一个跟踪问效,推动各项工作部署落到实处"。各地把加强督促检查工作作为党政工作的重要内容和实施领导的重要手段,党政督促检查工作的权威性越来越强,工作成效越来越明显,作用和影响力越来越大。与此相比,一些社会中介机构在权威性方面相对较差,在持续推动绩效管理方面缺乏必要的动力和支持力。

二是党政督查机构具有较强的时效性。党政督查机构一般作为各地各部门办公系统的重要组成部分,综合性比较强,发挥着协调左右、上下联动的作用,其熟悉和了解决策的来龙去脉,更能充分了解各项政策的目的和意图,也易于掌握和获得全面、准确的绩效信息。同时能够确保绩效评价结果的合理使用,提高政府绩效管理的效率和效果。此外,督查工作还有利于纠正决策偏差并完善决策,因为正确的决策无不源于实践,并再回到实践中接受检验,从而不断得到完善和发展。开展督查工作,既可以直接了解决策落实情况,也可以更客观地分析决策的正确性,针对出现的新情况新问题,提出完善决策的意见建议。随着国内外形势的深刻复杂变化,党政机关决策的领域越来越宽,面对的问题越来越复杂,决策的难度也越来越大,迫切需要督促检查工作为决策提供有力的支撑。所以,督查工作也是决策工作的重要信息源、参谋源,其在抓好决策落实方面更具有时效性和便捷性。与此相比,有关立法机关成立的绩效管理机构或有的职能部门,受地位以及作用范围所限,在了解掌握重大决策部署决策信息上相对滞后,抓决策部署绩效管理的便捷程度不高。

三是党政督查机构具有较强的专业性。在中央和地方各级党委政府的高度重视和大力支持下,一方面,全国督查队伍不断壮大,素质不断提高,近些年各级领导注重把学历高、素质好,有较强文字综合、组织协调、调查研究、快速反应能力的优秀干部派到督查岗位上来,大幅提高了督查干部队伍的整体素质;另一方面,中央对督查工作高度重视,对绩效管理、加强运行监测、实施科学评估、推动改进工作等做出明确规定,使各项决策部署落实情况的督查形成完整的工作链。出于抓好绩效管理的职责所在,根据党委部署和要求,许多地方比如青岛、成都等地市,结合实际对绩效管理进行了有益探索，形成了一些经验做法，为在全国推广绩效管理具有较好的借鉴意义。当然，党政督查机构在绩效预算、绩效审计等绩效管理方面较之财政部门、审计部门没有比较优势，但在绩效管理委员会领导下，由督查机构牵头，权威性较强，可以充分发挥职能部门的专业优势，使绩效管理工作更加专业，更能促进执行力的提高。

第三节　通过督查与绩效管理相结合促进政府执行力提升的具体实践及工作建议

一、北京、青岛等地督查与绩效管理相结合提升政府执行力的实践探索

在新形势下，党中央对抓好落实工作高度重视，并强调抓好督促检查工作，有的地方比如北京、青岛、成都、杭州等地党政督查机构积极探索，将督查工作与绩效管理相结合，不断创新内容、方式，积累了较好的经验，促进了政府执行力的提升。下面就简要介绍北京、青岛有关督查与绩效管理相结合促进工作的情况。

北京的实践。北京市政府绩效管理起源于岗位责任制，经历了目标管理督查考核、多元评价综合考评、综合绩效管理体系三个阶段。2008年，中央政府在深化行政管理体制改革方案中明确"建立科学合理的政府绩效评估指标体系和评估机制"的目标，要求"推行政府绩效管理制度"。在宏观政策鼓励的背景下，北京市政府以前期目标管理、督查考核工作为基础，从2008年开始积极借鉴政府管理的"4E"模式（效率、效益、公平、成本），吸纳平衡计分卡、360度考评等理论，探索建立以"三效一创"为核心内容的绩效管理体系。第一，在绩效评估指标设计方面，北京的主要内容是"三效一创"。该绩效评估体系的核心是"三效一创"，包括"履

职效率、管理效能、服务效果、创新创优"四个组成部分,下设八项评估指标,以百分制计分,不同的指标赋值不同。"履职效率"是指基本职责任务的完成情况,设置"职责任务"指标以评估各部门常规的"三定"职责的履行情况和重点工作任务完成情况。"管理效能"指依法行政和能力建设的情况,设置"依法行政"和"能力建设"两大指标来评估政府部门依法行政、行政审批、行政效能监察以及公务员队伍建设的质量。"服务效果"包括工作效果和服务对象满意程度两个方面,设置"服务中央、公众评价、领导评价、协调配合"四个评估指标。"创新创优"鼓励激发各部门的创新意识,该指标主要涵盖重大工作创新成果、重要表彰奖励的情况。在"三效一创"之外另设置了"行政问责"扣分项目。第二,在组织依托方面,"三效一创"绩效管理体系的组织架构包括三个部门:一是最高决策机构,即政府绩效管理联席会议,借鉴国家层面的联席会议制度经验,北京建立了"政府绩效管理联席会议制度",市政府秘书长任召集人,联席会议由市政府办公厅、市监察局、市人力社保局、市政府法制办、市编办等部门组成;二是日常协调执行机构,即"政府绩效管理办公室",绩效办与原有的政府督查室为一个机构、两块牌子,主要职责是负责市级国家行政机关绩效管理工作,组织汇总、评审绩效计划,加强日常监督检查,协调各专项考评部门做好绩效考评工作;三是绩效考评执行部门,即各专业部门,主要负责诸如人事、财务等方面的绩效考核。第三,在运行机制方面,北京"三效一创"绩效管理体系的整体运行流程是"绩效计划制定—日常监控管理—年终考评—绩效结果应用"。"绩效计划制定"指被考核单位根据本部门主要职责和所承担的市政府年度重点工作,制定本部门年度绩效计划及落实措施。"日常监控管理"和"年终考评"主要体现在市政府绩效办负责对各部门的绩效计划进行汇总和评审,经市政府绩效管理联席会议审议并报市政府审定后,制定《市政府绩效管理任务书》并印发实施。绩效办建立并依托绩效管理信息平台,加强日常考评管理,并进行月底自查、年度抽查、半年检查、年终考评。第四,在运用绩效考评结果方面,年终绩效管理综合得分经市政府绩效管理联席会议审议,报市政府党组会审定后,进行通报;完成绩效管理任务的,发放年度绩效奖金;凡被行政问责或未完成市政府重大绩效管理任务的，由专项考评部门提出，经市政府绩效管理联席会议审议并报市政府党组审定，减发5%的年度绩效奖金；年度考评结果提交市委组织部门，作为考核领导班子职责绩效的重要依据；根据年度考评情况，形成绩效改进建议予以反馈，督促进行整改，促进工作水平提升。根据新的形势，北京还积极推行政府绩效管理改革，构建包括基本公共服务指标体系在内的政府绩效评价指标体系，强化地方政府的公共服务评价，弱化GDP评价；高度重视对基本公共服务进行第三方评估，并通过对评估过程进行检查督导、对评估结果进行实际运用等方式将其制度化、规范化、常态化[①]。

  青岛的实践。青岛市政府绩效评估的实践，是中国各地进行政府绩效评估摸索的缩影。自1998年至今，绩效评估探索已经有20余个年头，从最初较为单一的目标责任制，到后来的以物质文明、政治文明和精神文明建设为中心的考核体系，确立督查工作与目标绩效管理相结合，再到如今多种评估方法相结合，对政治、经济、文化、社会和党的建设进行绩效评估，每一步都是对公共部门绩效评估的实践层面和理论层面的提升。第一，在绩效指标设定方面，按照经济建设、政治建设、文化建设、社会建设、生态建设和党的建设的总体思路，建立了科学合理、特色鲜明的区县绩效考核体系，同时将职能履行、管理效能、依法行政、政务公开、电子政务、机构编制等内容有序合理地纳入到目标绩效评估体系当中。第二，在组织依托方面，成立了由市委副书记为主任，市委办公厅、市政府办公厅、组织、人事、纪检、监察、统计、审计、财政等部门主要负责同志为成员的目标绩效考核委员会，并在市委督查室、市政府督查室设立绩效考核办公室。同时，各区县成立领导小组，层层分解和细化、量化工作目标，自上而下建立了"一级抓一级、逐级负责""横向到边、纵向到底"的考核组织体系。第三，在考核机制方面，青岛市进行了有效的探索，在全

[①] 本段内容对北京市政府绩效办有关经验总结材料加以归纳，并参考了陈雪莲在《天津行政学院学报》2011年第6期上发表的文章，即《政府绩效管理体制改革的制度环境和发展空间——以北京市"三效一创"绩效管理体系为个案》。

第八章 一种实践探索：通过督查与绩效管理相结合的方式促进政府执行力的提升

国比较有创新性，主要体现在以下几个方面：一是拓展群众民主参与、民主监督、民主评价渠道，实施电话"民考官"，不断加大电话民意调查力度和权重，调查内容主要围绕群众最关心、最直接的医疗、科教等问题，调查方法上注重在普通居民、学生家长、低保人员中随机调查，并将调查情况以视频的方式现场直播到基层乡镇；二是业务职能目标答辩制考核，突出履职实绩，不仅针对目标设置"六级联审"，每个单位的职能目标要接受考核组初审、代表委员和专家学者评审、部门互评互审、目标公示、分管领导审核和市考委审定六大环节，而且进行目标答辩"四维评估"，率先引入德尔菲法，以公开答辩方式考核职能目标完成情况，按照效益性、重要性、创新性、难易性四维标准逐项打分；三是构筑网络化平台，开发了覆盖全市的青岛市目标管理绩效考核信息系统，所有数据网上处理，考核成绩后台计算、网上反馈，实现了考核数据传输的即时化、网络化和数据计算自动化、汇总分析智能化，大大降低了行政成本，提高了工作效率；四是加大回应力度，坚持绩效考核与社会舆论监督、行政问责有机结合，充分发挥绩效诊断的作用，年初请市民公众评审业务职能目标，日常通过媒体通报进展情况，年底在全市主要新闻媒体通报民意调查和绩效考核有关情况，对于市民公众提出的问题和建议，市考核办和相关部门要及时给出答复；五是引入第三方评价模式，对部分公共管理部门，采取公开招标的形式，引入北京零点公司作为第三方，同时根据评议群体的职能特点，有的放矢采取抽样调查、社会各界代表评议、监督员评议和中介调查等方式进行①。

二、督查与绩效管理相结合提升政府执行力的完善建议

探索建立督查和绩效管理体系，提高督查效能和政府执行力、公信

---

① 宋宁宁. 地方政府绩效管理研究——以青岛市政府绩效管理为例 [D]. 北京交通大学硕士学位论文，2008.

力,是建设服务型政府的重要环节。北京、青岛、成都等地探索加强督促检查工作的新思路、新途径、新举措,运用绩效管理手段,推动督查工作的深入开展,取得了较好的效果,但也存在不足,表现在价值取向不够明确、绩效评估体系有待完善、绩效评估公开化程度不够高、督查与绩效管理内在整合不够深、公民导向不突出、考核结果运用不充分等方面,有待进一步改进。主要建议有:

(一)进一步完善督查与绩效管理的工作体制

一是在组建高层次、综合性、协调性的机构——政府绩效管理委员会(或政府绩效管理领导小组)的基础上,整合和协调相关部门,形成绩效管理责任体系:由督查部门负责拟定政府绩效管理方案,包括拟定绩效目标、构建绩效评估体系和评估指标体系、选择和决定评估方法;组织部门负责对绩效评估结果为不合格单位的主要负责人进行诫勉谈话,并研究制定相关措施,将绩效评估结果作为公务员特别是领导干部考核、任用、奖惩的重要依据;财政部门、审计部门、统计部门等则根据相应工作职责,配合完成绩效管理的有关工作。二是加强政府绩效管理中各类绩效评估的整合,将现有的政府绩效预算、领导班子和领导干部考核、公务员绩效评估、效能建设与监察、绩效审计、社会满意度评价以及各类行业评估,统一纳入到政府绩效管理之中,实现政府绩效管理中绩效评估与上述各种评估形式的有机统一。笔者认为,这项工作非常重要,因为各评估方式虽然不同,但都涉及评价考核等基本因素,一方面难免有雷同之处,耗费了不少行政资源,另一方面也会各自为战,不如统一整合,有效发挥绩效管理的综合效力。三是完善督查与绩效管理分级负责机制。要健全以党政一把手为主体的领导责任制,坚持"领导抓"与"抓领导"相统一,党政一把手要亲自部署、带头抓督查与绩效管理工作,同时督促下级党政负责同志认真履行督查职责,做到一级领导抓一级、带一级、促一级。

(二)再造督查工作的流程

督查工作与绩效管理的结合,是政府自身建设的一项创新,更是对督查工作的一次突破,它将实现督查主体从以领导和专门机构抓为主向每个责任主体自我约束为主转变,督查力度从主要取决于一把手推动向全面依靠制度推进转变,督查方式从自上而下的线性化管理向上下左右的网格化治理转变,督查效果从近期效应向长效机制转变。同时,在绩效管理理念下,督查工作的流程也需要进一步改变①。现在督查工作的流程一般是立项—办理—督办—回复等,督查工作重点集中在一两次实地督查活动,不具有持续性,有的甚至仅仅是书面督查,掌握了解一般情况。督查工作与绩效管理结合后,督查流程一般包括任务分解—绩效计划—绩效监控—绩效评价—绩效反馈等环节,这是一个环环相扣的闭环系统,实行计划、实施、评估、反馈、奖惩相结合的一体化绩效管理。其中,分解立项指有关决策部署下达后,督查部门要及时进行任务分解,细化目标任务,倒排时间进度,明确责任和落实时限。绩效计划指在双向沟通基础上形成政府绩效协议,包括具体的绩效目标、绩效评价指标、绩效评价标准及权重。绩效监控指要就有关任务完成情况加强日常督查,建立目标运行提醒制度和纠偏机制,实现监控常态化。绩效评价主要是对政府部门完成任务的工作效率、能力、满意度等方面进行评价。绩效反馈指督查部门就绩效评价结果向任务承担单位和有关财政、审计、监察部门反馈,提高绩效结果的使用效率。通过对督查流程的改造,有利于将宏观决策部署分解为中观层面任务要求、微观层次目标任务,有助于对决策落实情况的督查工作形成完整的工作链,增强督查工作的系统性、计划性和规范性。

(三)提高绩效管理的公开程度和公众参与度

目前,政府与公众之间的信息不对称使得公众获取准确政府绩效信息的难度较大。因此,如何将打造"透明政府"和"绩效政府"有机整合,是个很大的问题。笔者认为,一是探索利用电子政务平台扩大公众获取信息的渠道,积极搭建地方政府绩效管理的辅助平台。电子化政府为政务信息的公开化、透明化提供手段和途径,为公民广泛了解政务信息、科学评价地方政府绩效情况提供条件,为整个地方政府绩效管理的开展创造良好

---

① 鲍静. 政府绩效管理理论与实践 [M]. 北京:社会科学文献出版社,2012.

的物质基础和制度环境。二是在评估指标体系中提高公民评估的权重，逐步改进和完善社会满意度调查，实现绩效评估由单纯的"上考下""官考官"模式向"外考内""民考官"转变，不断提高民主评议的比重，提升公众的参与程度。特别要注意引入民意调查的方法，让公众直接评价政府的工作，比如青岛推出民意调查依托计算机辅助电话调查系统（CATI），从各区市居民中随机访问 5000 个固定电话用户，作为各自的评议样本，占较高权重。市直单位评估采用社会评议的方法，参评群体包括企事业单位和社会团体、机关及相关单位、社会各界代表三大类九个层面的单位和代表，总体样本数量达 3000 个。

（四）开展常态化的绩效监控

通过督查和绩效管理推动决策部署落实，关键是确保目标沿着健康轨道运行，常态化实施好运行监控，这是确保重大决策部署达到预定状态和实现预期目标的重要措施和手段。当前，一是建立定期跟踪反馈机制，坚持按月跟踪了解各地各部门目标运行情况，针对存在的问题，及时书面提醒各地各部门，帮助分析问题，提出有效建议。二是建立随机督查调研机制。针对各地各部门目标项目推进中的难点、重点问题，随机开展督查调研，促进问题解决。三是建立常态服务指导机制，建立领导和落实单位对口联系制度，定期指导任务承接单位的工作。四是建立半年分析研判机制。坚持半年对各项任务完成情况进行盘点，找准影响目标运行的关键因素和问题，提出对策建议。五是建立重点工作督查机制。对有的领导交办的重要事项和涉及民生的重要事项，重点组织开展督查，促进问题解决。

（五）坚持系统化运用绩效考评结果

如何有效运用绩效评估的结果，是真正实现以绩效为导向的政府管理体制改革的核心内容。通过督查与绩效管理推动决策部署的落实，激励引导各地各部门推动各项部署落实，系统运用好目标绩效考评结果。一是强化结果的多维度运用。将考核结果与党风廉政建设、领导年度考核结合起来，综合运用、相互促进。二是加强对评价结果的系统分析，找出薄弱的环节，提出努力方向。三是强化整改落实情况的跟踪督查，对于指出和反

第八章 一种实践探索：通过督查与绩效管理相结合的方式促进政府执行力的提升

馈的问题，督促相关单位提出整改方案，落实整改措施，做出进度安排。四是强化考评结果的理论研究。充分发挥考核结果对指导改进工作的积极作用，加强综合研究，分析挖掘考核数据，总结揭示规律，为进一步改进和提升工作提供指导性意见。

第九章 研究结论及展望

本书立足于当前我国政府执行力亟须提升的大背景，从绩效管理与政府执行力相结合的角度，研究了绩效理论启引下的中国政府执行力建设问题。在探讨政府绩效管理与政府执行力研究理论基础上，本书揭示了政府绩效管理与政府执行力建设之间的互动耦合关系，描述了当代中国政府执行力建设的现状及困境，剖析了造成执行力弱化的绩效成因，最后借鉴国外政府执行力建设与绩效管理的经验，系统提出了政府执行力提升的绩效方略和解决方案。通过研究，得出以下几点结论：

一是加强政府执行力建设，已成为各级政府当前和今后一个时期迫切需要加强研究的重要课题。不论是现实的客观需求，还是学术上的研究需要，我们都有充足的理由强调政府执行力研究的重要性和紧迫性。特别是有的地方政府"有令不行，有禁不止"的现象仍时有发生，如行政不作为导致执行完全失力、缺乏主动性和创新性导致执行乏力、"小算盘"意识作怪导致执行走样、李代桃僵导致执行无效、滥用自由裁量权导致执行随意、行政伦理失范导致执行变质、成本意识缺乏导致执行效益不高等，以及其所造成的政策效应减损、浪费执行成本、损害政府公信力、行为和价值导向偏离等负面影响和危害，已经让我们寝食难安。

二是政府执行力虽然从理论上有不同的阐述，但其核心是把思路、战略、决策、规划与部署付诸实施的能力，从本质上讲也就是我们常说的"抓落实"。笔者认为，政府执行力不仅指政府在处理日常事务和政策执行过程中面对问题、分析问题和研究解决问题的能力，更是指政府对各种资源以及外部环境因素等进行综合调度使用，从而确保公共政策、决策、法令、战略、计划有效实施和政府日常性公共事务顺利执行的政府合力。从本质上讲,也就是我们常说的"抓落实"的能力。政府执行力呈现出效率性、主动性、伦理性、系统性、动态性、逆控性等特点,并且它的产生及大小与执行要件的完备程度及性能好坏、组织运作机制和外部环境制约有关。一般而言,政府执行力的生成要素主要包括执行主体、执行客体、执行资源、执行环境、执行制度和执行绩效等,可以通过采用一些可以测量的标准来衡量政府在执行政策或决策时的执行力的强弱,主要有执行态度、执行力度、执行速度、执行效度以及执行难度等。

三是政府绩效管理与政府执行力建设是互动与契合的。从互动方面讲,政府执行力建设有助于政府绩效管理水平的提升,主要体现在对政府绩效评估主体参与积极性的鼓励、对政府绩效评估标准内涵的增加、政府绩效评估指标的调适、丰富绩效管理的资源以及为政府绩效管理的顺利开展提供良好环境等方面。同时,政府绩效管理也是提升政府执行力的基础工程,是规制、约束政府执行的重要措施,有助于适时调整执行目标,有助于增强政府执行力建设的合法性,并在理念、组织、具体操作等方面对政府执行力建设起着引导作用。从契合方面看,两者存在着理论渊源和价值取向上的契合,主要表现在两者都突出服务、注重政府诚信、追求政府效能、强调政府责任、着力维护政府与社会之间良性互动等方面,而这种契合为笔者从绩效视角探讨当代中国政府执行力建设奠定了理论基础。

四是从绩效视角探讨政府执行力弱化的成因,可以为不断完善政府执行力绩效管理体系提供新的视角。一般来看,影响政府执行力强弱的因素是多方面的,但是鉴于政府绩效管理的重要地位,笔者认为政府执行力绩效管理的缺失将会导致政府执行成为无源之水,其主要表现在绩效管理价值取向扭曲影响政府执行力建设的方向、评估主体多元化程度不高削弱政府执行效益、评估指标体系不完善制约政府执行力的提升、操作流程和使用方法不当影响政府执行效能的发挥、公众参与渠道不畅抑制政府执行力的提升、结果运用不充分损耗政府执行力的功效、绩效管理制度缺位束缚执行效能的发挥、绩效文化建设滞后侵蚀政府执行力的效果八个方面。

五是国外发达国家已初步形成全方位、多层次、多角度的政府绩效管理评估体系,如美国、英国、加拿大、韩国、新西兰、荷兰等国都取得了显著的成效,为研究我国政府绩效管理及执行力建设带来了很多启示。但同时,经验也不能盲信、不能盲从,在天花乱坠的总结背后也有一些值得反思的地方,需要立足中国的国情,从正反两个方面对国外的经验和做法加以创造性的运用。

六是绩效视角下加强政府执行力建设是一项系统过程。其基本方略主要包括树立正确的绩效导向、构建合理多元的评估主体结构、完善政府执行力评估指标体系、规范政府绩效管理的流程与环节、加强公民参与评估、优化对绩效结果的使用和管理、加强制度供给、营造良好文化氛围等方面。本书根据政府执行力的生成原理、原则等设计了政府执行力评估指标体系,探索构建了一个逐级展开的多层次、多维度的政府执行力测评指标体系,分为四个层次,由1个目标层指标、6个准则层指标、16个次准则层指标、46个指标层指标构成,力争能够全面、系统地测评我国政府执行力,同时在此基础上,赋予各个指标权重,提出了指标运用的方法和路径。

七是基于政府绩效管理机构的重要作用以及当下中国各个绩效管理机构的利弊分析,作为一种实践探索,笔者认为通过督查与绩效管理相结合的方式可以促进政府执行力的提升,并应当加快组建全国绩效管理委员会,由国家领导人担任委员会主任,中共中央办公厅(督查室)、中华人民共和国国务院办公厅(督查室)、中华人民共和国财政部、中华人民共和国审计署、中华人民共和国人力资源和社会保障部等共同参与,统一指导各地各部门的绩效管理工作,同时鉴于督查机构具有高度的权威性、较强的时效性以及较强的专业性等,笔者认为应该明确中共中央办公厅(督查室)、中华人民共和国国务院办公厅(督查室)成为牵头部门。本书还结合北京、青岛等地的有关探索经验,对完善督查和绩效管理体系提出了具体的对策建议。

政府执行力研究是当代中国政府建设的热点,也是世界各国政府建设的热点,是一个持续的研究主题。由于政府绩效管理在我国的研究与实践还处于摸索前进阶段,与政府绩效管理及政府执行力建设相关的研究成果和现实素材还较为缺乏,以及笔者在理论积淀和实践方面的经验还不十分丰富，本书还需要在以下几个方面继续努力：

一是对基于绩效管理下的政府执行力评估体系存在的主要问题，以及执行力评估体系构建的宏观思路，还缺乏更为深入和全面的分析，特别是相关的实证论证和比较分析还有待加强。

二是在指标体系方面应该更多地引入定量指标和科学的计算方法。虽然政府执行力构成要素难以把握，很多指标难以量化处理，但为了使评价工作更具有操作性，进一步提升其准确性和科学性，应尽量在指标设计时更多引入一些专业的、可以用数据进行准确描述的指标，同时计算方法也应当更科学化。

三是政府执行力不只是企业执行力的一个简单易名，由于政府组织有其特殊性，其功能与企业有很大的差异，如何在借鉴企业关于此方面经验的基础上，进一步探讨高执行力型政府的价值追求、重要特征、实现路径等，还需要深入思考。

四是"橘生淮南则为橘，生于淮北则为枳"，如何结合中国社会生态环境实际，特别是在深入分析我国政府执行力建设与政治环境的关系、政府执行力建设与文化环境的关系、政府执行力建设与经济环境甚至国际环境的关系基础上，更有效地借鉴学习英、美等国的政府绩效管理理论和实践模式，并在制度设计和方法使用上进行调适，使之适应我国的政治、经济及文化情景因素等方面，还需作进一步努力。

五是政府执行力是一个具有普遍性的问题，是不同国家之间、同一国家的不同历史时期都会面临的问题。因此，有必要加强政府执行力建设的横向和纵向比较研究。

参考文献

[德]卡尔·马克思、弗里德里希·恩格斯：《马克思恩格斯文集（第三卷）》，人民出版社2009年版。
毛泽东：《毛泽东选集》（第1~4卷）（第2版），人民出版社1991年版。
邓小平：《邓小平文选》（第1~3卷），人民出版社1994年版。
魏礼群：《行政体制改革论》，人民出版社2013年版。
魏礼群：《社会管理创新案例选编》（上、中、下），人民出版社2011年版。
魏礼群：《社会建设与社会管理》，人民出版社2011年版。
魏礼群：《魏礼群经济文选》，中国时代经济出版社2011年版。
夏书章、王乐夫、陈瑞莲：《行政管理学》，中山大学出版社1998年版。
罗豪才：《行政法论》，光明日报出版社1988年版。
彭国甫：《地方政府公共事业管理绩效评价研究》，湖南人民出版社2004年版。
张国庆：《现代公共政策导论》，北京大学出版社1997年版。
张国庆：《行政管理学概论》（第二版），北京大学出版社2000年版。
范柏乃：《政府绩效评估理论与实务》，人民出版社2005年版。
谢文辉：《赢在执行力》，北京科学技术出版社2005年版。
徐家良：《政府评价论》，中国社会科学出版社2006年版。
陈振明：《公共政策分析》，中国人民大学出版社2002年版。
陈振明：《政策科学》，中国人民大学出版社1998年版。
卓越：《公共部门绩效评估》，中国人民大学出版社2004年版。
卓越：《公共部门绩效管理》，福建人民出版社2004年版。
丁煌：《政策执行阻滞机制及其防治对策》，人民出版社2002年版。

余世维：《赢在执行》，人民出版社 2002 年版。
徐柯：《政府执行力》，新华出版社 2007 年版。
陈永国：《公共管理定量分析方法》，上海交通大学出版社 2006 年版。
齐二石、刘子先：《公共绩效管理与方法》，天津大学出版社 2007 年版。
范克新：《社会学定量方法》，南京大学出版社 2004 年版。
风笑天：《社会学研究方法（第二版）》，中国人民大学出版社 2005 年版。
谢庆奎：《中国地方政府体制概论》，中国广播电视大学出版社 1998 年版。
徐经泽：《社会调查理论与方法》，高等教育出版社 1994 年版。
杨冠琼：《政府治理体系创新》，经济管理出版社 2000 年版。
俞可平：《治理与善治》，社会科学文献出版社 2000 年版。
许树柏：《层次分析法原理：实用决策方法》，天津大学出版社 1988 年版。
秦寿康：《综合评价原理与应用》，电子工业出版社 2003 年版。
伍启元：《公共政策》，商务印书馆 1989 年版。
彭和平：《国外公共行政理论精选》，中共中央党校出版社 1997 年版。
刘旭涛：《政府绩效管理：制度、战略与方法》，机械工业出版社 2003 年版。
莫勇波：《公共政策执行中政府执行力问题研究》，中国社会科学出版社 2007 年版。
莫勇波：《政府执行力——理论思路与现实路径研究》，经济科学出版社 2013 年版。
周永亮：《本土化执行力模式》，中国发展出版社 2004 年版。
联合国开发计划署：《2002 年人类发展报告：在碎裂的世界中深化民主》，中国财政经济出版社 2002 年版。
王名扬：《美国行政法》，中国法制出版社 1995 年版。
吴锡泓等：《政策学的主要理论》，复旦大学出版社 2005 年版。
吴寒光：《社会发展与社会指标》，中国社会出版社 1991 年版。
胡税根：《公共部门绩效管理》，浙江大学出版社 2005 年版。
郭济主：《行政哲学导论》，黑龙江人民出版社 2003 年版。
赵曼、陈全明：《公共部门人力资源管理》，清华大学出版社 2005 年版。
吴建南：《公共管理研究方法导论》，科技出版社 2006 年版。

沈亚平、王骚：《公共管理案例分析》，天津大学出版社 2006 年版。

陈昌曙：《技术哲学新论》，科学出版社 1999 年版。

方振邦：《政府绩效管理》，中国人民大学出版社 2012 年版。

鲍静：《政府绩效管理理论与实践》，社会科学文献出版社 2012 年版。

［美］戴维·奥斯本、特德·盖布勒：《改革政府——企业家精神如何改革着公营部门》，周敦仁译，上海译文出版社 1996 年版。

［美］道格拉斯·C. 诺斯：《制度、制度变迁与经济绩效》，刘守英译，三联书店 1994 年版。

［美］凯瑟琳·纽科默等：《迎接业绩导向型政府的挑战》，张梦中等译，中山大学出版社 2003 年版。

［美］帕特里夏·基利、史蒂文·梅德林、休·麦克布莱德、劳拉·朗迈尔：《公共部门标杆管理——突破政府绩效的瓶颈》，张定淮译，中国人民大学出版社 2002 年版。

［英］理查德·威廉姆斯：《组织绩效管理》，清华大学出版社 2002 年版。

［法］卢梭：《社会契约论》，何兆武译，商务印书馆 2003 年版。

［法］孟德斯鸠：《论法的精神》，张雁深译，商务印书馆 1961 年版。

［美］B. 盖伊·彼得斯：《政府未来的治理模式》，张成福译，中国人民大学出版社 2001 年版。

［美］H. 詹姆斯·哈里顿等：《标杆管理——瞄准并超越一流企业》，欧阳袖等译，中信出版社 2003 年版。

［美］阿里·哈拉契米等：《政府业绩与质量测评——问题与经验》，张梦中等译，中山大学出版社 2003 年版。

［美］彼得·罗西、霍华德·弗里曼、马克·利普希：《项目评估：方法与技术》（第六版），邱泽奇译，华夏出版社 2002 年版。

［美］戴维·H. 罗森布鲁姆等：《公共行政学：管理、政治和法律的途径》，张成福等译，中国人民大学出版社 2002 年版。

［美］戴维·奥斯本、彼德·普拉斯特里克：《摒弃官僚制：政府再造的五项战略》，谭功荣、刘霞译，中国人民大学出版社 2002 年版。

［美］F. J. 古德诺：《政治与行政》，华夏出版社 1987 年版。

［澳］欧文·E.休斯：《公共管理导论》，中国人民大学出版社2001年版。

［美］詹姆斯·W.费斯勒、唐纳德·F.凯特尔：《公共行政学新论：行政过程的政治》，中国人民大学出版社2002年版。

［美］保罗·C.纳特、罗伯特·W.巴可夫：《公共和第三部门组织的战略管理》，陈振明等译校，中国人民大学出版社2001年版。

［美］保罗·R.尼文：《政府及非营利组织平衡计分卡：如何设计科学的政绩评价体系》，胡玉明等译，中国财政经济出版社2004年版。

［美］汉密尔顿：《联邦党人文集》，商务印书馆1980年版。

［美］C.林德布洛姆林：《政治与市场》，三联书店1992年版。

［美］摩尔：《民主与专制的社会起源》，华夏出版社1987年版。

［美］艾尔·巴比：《社会研究方法》，邱泽奇译，华夏出版社2005年版。

［德］马克斯·韦伯：《经济与社会》，邓正来译，商务印书馆1997年版。

［法］夏尔·德巴什：《行政科学》，上海译文出版社2000年版。

韩国：《政府业务评价基本法》，2001年。

盛明科、刘贵忠：《政府服务的公众满意度测评模型与方法研究》，《湖南社会科学》2006年第1期。

臧乃康：《政府绩效评估及其系统分析》，《江苏社会科学》2004年第2期。

臧乃康：《政府绩效评估价值缺失与指标体系重构》，《福建论坛》（人文社会科学版）2007年第9期。

蔡立辉：《政府绩效评估的理念与方法》，《中国人民大学学报》2002年第5期。

吴建南、孔晓勇：《以公众服务为导向的政府绩效改进分析》，《中国行政管理》2005年第8期。

徐绍刚：《建立健全政府绩效评价体系的构建》，《政治学研究》2004年第3期。

徐友浩、吴延兵：《顾客满意度在政府绩效评估中的运用》，《天津大学学报》（社会科学版）2004年第4期。

尤建新、邵鲁宁、杨淼：《公众满意度理念及公众满意度评价》，《上海管理科学》2004年第2期。

郁建兴、吴国骅：《超越新公共管理——基于政治层面的思考》，《湖南社会科学》2004年第1期。

陈天祥：《政府绩效评估的经济、政治和组织功能》，《中山大学学报》(社会科学版) 2005 年第 6 期。

杨畅等：《绩效文化：政府绩效管理之魂》，《湖南社会科学》2004 年第 3 期。

童中贤、杨畅：《和谐社会建设中的政府诚信建设研究》，《理论探讨》2008 年第 1 期。

莫勇波：《提升地方政府政策执行力的路径选择》，《云南行政学院学报》2005 年第 6 期。

蔺全录：《关于提高政府执行力的一些思考》，《中国行政管理》2006 年第 8 期。

卓越：《政府绩效评估的模式建构》，《政治学研究》2005 年第 2 期。

邹再进、张继良：《中国地方政府能力评价》，《云南财贸学院学报》2005 年第 5 期。

叶必丰：《论行政行为的执行力》，《行政法学研究》1997 年第 3 期。

于凤荣、谢传海：《提高我国公共政策执行力的对策研究》，《行政论坛》1995 年第 3 期。

汪永成：《中国现代化进程中的政府能力》，《政治学研究》2001 年第 4 期。

周平：《县级政府能力的构成和评估》，《云南行政学院学报》2002 年第 5 期。

苏多杰、李清源：《政策执行探析》，《广东行政学院学报》2000 年第 3 期。

陈康团：《政府行政能力与政府财力资源问题研究》，《中国行政管理》2000 年第 8 期。

胡宁生：《构建公共部门的绩效管理体系》，《中国行政管理》2006 年第 3 期。

胡税根、金玲玲：《我国政府绩效管理和评估法制化问题研究》，《公共管理学报》2007 年第 1 期。

宁国良：《论公共政策执行偏差及其矫正》，《湖南大学学报》2000 年第 9 期。

赵辉等：《多层次、多指标绩效评估体系指标权重的研究》，《内蒙古大学学报》2006 年第 3 期。

魏淑艳、刘振军：《我国公共政策评估方式分析》，《东北大学学报》(社会科学版) 2003 年第 11 期。

陆小成：《试论公共政策执行障碍及对策》，《理论月刊》2003 年第 10 期。

高建华、崔运武：《公共政策有效执行的政治学分析》，《中国行政管理》

2006年第2期。

盛明科、彭国甫:《公共服务型政府绩效评估体系构建研究论纲》,《东南学术》2008年第3期。

盛明科:《服务型政府绩效评估体系研究的理论基础与现实依据》,《湘潭大学学报》(哲学社会科学版)2008年第1期。

蔡立辉:《西方国家政府绩效评估理念及其启示》,《清华大学学报》2003年第1期。

蔡立辉:《论当代西方政府公共管理及其方法》,《中山大学学报》(社会科学版)2003年第2期。

马宝成:《试论政府绩效评估的价值取向》,《中国行政管理》2001年第5期。

陈天祥:《政府绩效评估指标体系的构建方法——基于治理过程的考察》,《武汉大学学报》2008年第1期。

倪星:《地方政府绩效评估指标的设计与筛选》,《武汉大学学报》2007年第3期。

杨畅:《标杆管理:地方政府绩效评估系统改进思路探析》,《湖南科技大学学报》2008年第6期。

童中贤、杨畅:《和谐社会建设中的政府诚信建设研究》,《理论探讨》2008年第1期。

莫勇波:《政府执行力:当前公共行政研究的新课题》,《中山大学学报》(社会科学版)2005年第1期。

莫勇波:《政府执行力刍议》,《上海大学学报》(社会科学版)2005年第5期。

莫勇波:《论提升中国地方政府执行力的策略选择》,《广西民族学院学报》2005年第6期。

孙增武、刘大中、高艳:《我国政府执行力的模式分析与途径选择》,《国家行政学院学报》2006年第4期。

姚克利:《试论政府执行力的生成与提升》,《大连干部学刊》2006年第8期。

袁曙宏:《加强政府执行力建设 提高政府行政效能》,《开放潮》2006年第3期。

卞苏徽:《深化政府改革 提高政府执行力》,《特区实践与理论》2006年第 2 期。

杜钢建：《政府能力建设与规制能力评估》，《政治学研究》2000 年第 2 期。

颜佳华、易承志：《走向一种理论范式的新公共管理——兼论对当代中国公共行政改革的启示》，《公共管理高层论坛》2008 年第 1 期。

颜佳华、王升平：《论善治理论在我国地方公共管理中的适用性——基于善治理论缺失的考察》，《北京行政学院学报》2008 年第 1 期。

王健：《重塑地方政府政绩指标》，《国家行政学院学报》2005 年第 1 期。

王谦、李锦红：《政府部门公众满意度评价的一种有效实现途径》，《中国行政管理》2006 年第 1 期。

武玉英、张璋：《我国政府绩效指标体系设计的几个基本取向》，《中国行政管理》2007 年第 5 期。

徐风华、王俊杰：《"十一五"规划指标体系更新与地方政府绩效考核改进》，《中国工业经济》2006 年第 7 期。

潘世强：《略论政策的执行问题》，《行政论坛》1994 年第 11 期。

孙云茂：《浅析如何提高中层管理者执行力》，《河北能源职业技术学院学报》2003 年第 3 期。

黄兴生：《提升我国地方政府政策执行力问题研究——基于制度分析的视角》，《中共福建省委党校学报》2006 年第 12 期。

陈俊星：《是什么影响了乡镇政府的公共政策执行力》，《红旗文稿》2006 年第 23 期。

闫鹏：《我国地方政府行政执行力：一个被忽视但却极端重要的行政研究视角》，《兰州学刊》2006 年第 3 期。

韩青：《您的企业执行力有多大？——企业执行力诊断》，《现代企业教育》2004 年第 8 期。

魏红英等：《我国地方政府执行力测评指标体系研究》，《国家行政学院学报》2008 年第 1 期。

周志忍：《效能建设：绩效管理的福建模式及其启示》，《中国行政管理》2008 年第 11 期。

中国行政管理学会联合课题组：《关于政府机关工作效率标准的研究报告》，

《中国行政管理》2003年第3期。

王中江：《政府绩效管理前沿问题研究》，《科技情报开发与经济》2006年第21期。

盛明科：《政府绩效评估研究的瓶颈与本土化战略的建构》，《行政论坛》2008年第3期。

包国宪等：《绩效评价：推动地方政府职能转变的科学工具——甘肃省政府绩效评价活动的实践与理论思考》，《中国行政管理》2005年第7期。

强恩芳：《我国当前的行政执行与政府执行力研究》，《行政与法》2008年第8期。

莫聪：《帕金森定律》，《新一代》2013年第4期。

严红梅：《提升政府执行力之对策研究》，《特区实践与理论》2010年第6期。

蓝志勇、胡税根：《中国政府绩效评估：理论与实践》，《政治学研究》2008年第3期。

周志忍：《公共性与行政效率研究》，《中国行政管理》2000年第4期。

刘绛华：《西方最新政府改革理论对我国公共部门改革的启示》，《求实》2004年第12期。

彭国甫：《政府绩效评估问责功能的形成机理与实现途径》，《湘潭大学学报》（哲学社会科学版）2009年第1期。

彭国甫、盛明科：《政府绩效评估不同主体间的利益差异及其整合》，《学习与探索》2008年第5期。

彭新武：《官僚制：批判与辩护》，《福建论坛》（人文社会科学版）2009年第5期。

胡淑晶：《政府绩效评估的理论和方法》，《甘肃社会科学》2005年第6期。

李静芳：《对当前地方政府绩效评估的价值取向分析》，《党政干部论坛》2001年第12期。

王洋：《我国公共政策评估主体的不足及对策》，《河南工业大学学报》（哲学社会科学版）2009年第2期。

俞可平：《十八大之后的中国——改革关键期》，《社会主义研究》2013年第

2期。

刘旭涛：《如何推进政府绩效管理（互动天地）》，《人民日报》2013年7月3日第7版。

薛刚、薄贵利等：《服务型政府绩效评估结果运用研究现状、问题与对策》，《国家行政学院学报》2013年第2期。

胡税根、金玲玲：《我国政府绩效管理和评估法制化问题研究》，《公共管理学报》2007年第1期。

程北南：《加拿大政府绩效评价制度及其启示》，《上海金融学院学报》2013年第3期。

郑准镐：《韩国政府绩效评估制度的发展演变》，《行政管理改革》2015年第2期。

汪菁、朴钟权：《韩国政府绩效评估制度及其对我国的启示》，《理论与改革》2006年第5期。

张小玲：《国外政府绩效评估方法比较研究》，《软科学》2004年第5期。

高健：《社会公平：中国特色治理的核心诉求》，《理论与改革》2014年第4期。

赵蕾：《论责任政府的价值理念、运行体系与体制要求》，《中州学刊》2007年第4期。

尹苹苹：《我国公共政策评估主体确立原则的思考》，《商业时代》2011年第19期。

谢庆奎、陶庆：《政府执行力探索》，《中国行政管理》2007年第11期。

刘传铭：《社会组织绩效评估指标体系构建研究》，《中国社会组织》2013年第4期。

亓莱滨：《李克特量表的统计学分析与模糊综合评判》，《山东科学》2006年第2期。

焦璞润：《优化对政府绩效评估结果的利用与管理》，《山东省农业干部管理学院学报》2008年第5期。

张红：《浅谈实体法与程序法的关系》，《法制与社会》2012年第4期。

魏四新、郭立宏：《文化因素对地方政府绩效管理的影响研究——基于霍夫斯塔德的跨文化视角》,《中国软科学》2010 年第 3 期。

陈雪莲:《政府绩效管理体制改革的制度环境和发展空间——以北京市"三效一创"绩效管理体系为个案》,《天津行政学院学报》2011 年第 6 期。

武国、翟艳敏:《美国项目分级评价工具 (PART) 及其对我国开展绩效审计的启示》, http://www.audit.gov.cn/n1992130/n1992150/n1992576/2550979.html。

廖东岚:《地方政府政策执行力评价体系研究》, 广州大学硕士学位论文, 2012 年。

梁茵:《我国政府绩效评估中的公民参与研究》, 中共江苏省委党校硕士学位论文, 2008 年。

李超:《我国政府绩效管理存在的问题及对策研究》, 河南大学硕士学位论文, 2010 年。

刘贵忠:《政府服务的公众满意度测评研究》, 湘潭大学硕士学位论文, 2005 年。

曾博函:《公众全过程参与我国政府绩效管理问题研究》, 大连海事大学硕士学位论文, 2011 年。

杨栋:《行政文化视角下地方政府政策执行力问题研究》, 湖南大学硕士学位论文, 2012 年。

崔连波:《美国政府绩效评估的实践及其对我国的启示》, 山东大学硕士学位论文, 2006 年。

蔡兵:《我国政府绩效管理法治化问题研究》, 中国人民大学硕士学位论文, 2010 年。

陈小钢:《基于流程优化的政府绩效管理研究》, 暨南大学博士学位论文, 2006 年。

申喜莲:《政府绩效评估创新研究》, 中央民族大学博士学位论文, 2012 年。

刘杰:《我国政府绩效审计模式的研究》, 沈阳大学硕士学位论文, 2010 年。

赵鹏:《当前我国政府绩效管理机制存在的问题及解决的文化与制度途径研究》, 河北师范大学硕士学位论文, 2010 年。

宋宁宁:《地方政府绩效管理研究——以青岛市政府绩效管理为例》, 北京交通大学硕士学位论文, 2008 年。

J. L. Pressman, A.Wildavsky, "Implementation: How Great Expectation in Washington Are Dashed in Oakland", Berkley: University of California Press, 1973.

David N. Ammons, "Common Barriers to Productivity Improvement in Local Government", Public Productivity Review, Vol.9, 1985.

Donald F. Kettle, "Putting Performance Management to Work in the Federal Government", Paper of the 2001 Ananual.

Donald F. Kettle, "Reinventing Government: A Fifth-Year Report Card", A Repoet of the Brookings Institution's Center for Public Management, 1998.

Dwight Waldo, "The Administrative State", New York: Ronald Press, 1948.

Fandray, Dayton, "The New Thinking in Performance Appraisal", Workforce, Vol. 5, 2001.

Donahue, Amy K., Selden, Sally G., Ingraham, "Pattricia W, Measuring Government Management Capacity: A Comparative Analysis of City Human Resource Management Systems", Journal of Public Administration Research and Theory, Vol. 10, 2000.

Dwight Waldo, "The Administration and Culture", Public Administration and Democracy: Essays in Honor of Paul Appleby, Syracuse University Press, 1965.

索 引

C

测评标志　138，139，141，142
测评指标体系　13，87，124，125，126，127，128，136，138，175，186
操作流程　18，87，174

D

党政督查部门　162
督查工作　18，45，64，65，162，163，164，166，168，169

G

公众满意　8，38，39，42，48，58，77，78，80，89，90，112，118，135，150，180，183，186
公共服务　8，13，23，24，39，40，42，48，51，52，54，57，78，82，90，95，103，104，106，109，111，117，118，119，154，156，166，182
公共责任　13，39，40，48，51，78，94，120，154

公众参与　18，47，82，89，90，91，92，148，149，169，174

H

衡量标准　9，17，18，52，59，61，63，65，67，69，71，73，87，96，113
互动分析　47
韩国的探索　107
荷兰的探索　110

J

交易成本理论
绩效管理　2，4，5，6，8，9，10，13，14，15，16，17，18，19，20，21，23，25，27，29，31，33，35，36，37，38，39，40，41，42，43，44，45，47，48，49，50，51，52，53，54，55，56，57，58，64，75，76，77，78，79，80，81，82，83，84，87，88，89，90，91，92，95，96，97，98，101，103，105，106，107，108，109，110，111，112，113，114，

115，117，119，120，121，122，145，
146，147，148，149，150，152，153，
154，155，156，159，160，161，162，
163，164，165，166，167，168，169，
170，171，173，174，175，178，179，
181，183，184，185，186

绩效方略　4，17，18，19，117，119，
121，123，125，127，129，131，133，
135，137，139，141，143，145，147，
149，151，153，155，157，173

绩效导向　18，117，175

绩效预算　93，102，110，113，151，
164，168

绩效审计　93，103，105，154，164，168，
186

绩效监控　37，39，48，49，50，88，
145，146，149，153，169，170

绩效结果运用　18，93，151

绩效管理法治化　95，96，97，114，115，
186

绩效文化　18，98，99，105，156，174，
181

绩效管理主体　145，146，161

加拿大的探索　105

L

利益相关者　79，80，82，112，118，123

良性互动　17，49，57，58，97，153，
174

M

美国的探索　101

O

契合展现　53

P

帕金森定律　25，26，184

评估主体多元化　18，79，80，81，83，
122，174

评估主体体制　18，120

评估指标体系　5，16，18，19，45，78，
80，85，113，117，123，124，125，
160，164，168，170，174，175，182，
185

S

生成要素　30，174

社会效益　39，40，41，52，61

W

"委托—代理"理论　25，27

文化氛围　154，175

X

新公共管理理论 9，26
系统论 16，25，27，32，119
新西兰的探索 109
效度及信度检验 144

Y

英国的探索 103
有益启示 14，111

Z

政府执行 1，2，3，4，5，6，8，9，10，11，12，13，14，15，16，17，18，19，20，21，22，23，24，25，26，27，28，29，30，31，32，33，34，35，36，37，38，39，40，41，42，43，44，45，46，47，48，49，50，51，52，53，54，55，56，57，58，59，60，61，62，63，64，65，66，67，68，69，70，71，72，73，74，75，76，77，78，79，80，81，82，83，84，85，86，87，88，89，90，91，92，93，94，95，96，97，98，99，100，101，102，103，104，105，106，107，108，109，110，111，112，113，114，115，116，117，118，119，120，121，122，123，124，125，126，127，128，129，130，131，132，133，134，135，136，137，138，139，140，141，142，143，144，145，146，147，148，149，150，151，152，153，154，155，156，157，159，161，163，164，165，167，169，171，173，174，175，176，178，181，182，183，184，185

政策执行 3，7，8，9，11，16，21，22，24，25，27，31，35，58，61，67，69，70，72，73，87，99，132，134，135，173，177，178，181，183，186

政府能力 8，24，34，35，123，124，181，183

政府执行力 1，2，3，4，5，6，7，8，9，10，11，12，13，14，15，16，17，18，19，20，21，22，23，24，25，26，27，28，29，30，31，32，33，34，35，37，39，41，43，45，47，48，49，50，51，52，53，54，55，56，57，59，62，63，64，65，67，68，69，71，72，73，75，76，79，80，81，82，83，85，86，87，89，90，91，93，97，98，99，100，103，109，111，113，114，115，117，118，119，120，121，122，123，124，125，126，127，128，129，130，131，132，133，134，135，136，138，139，141，143，144，147，148，149，152，153，155，157，159，161，164，165，167，169，171，173，174，175，176，178，

181，182，183，184，185

政府公信力　2，32，54，55，72，73，127，133，137，140，173

政府执行力的特点　33

政府执行力建设　2，3，4，5，10，16，17，18，19，20，33，47，49，50，51，53，54，55，56，57，59，61，62，63，65，67，69，71，72，73，75，76，77，90，96，103，105，107，109，111，113，115，117，173，174，175，176，182

政府执行力弱化　17，19，33，35，72，73，74，75，174

政府绩效　2，8，9，12，13，14，15，16，17，18，19，20，21，22，23，24，25，26，27，28，29，30，31，32，33，34，35，36，37，38，39，40，41，42，43，44，45，47，48，49，50，51，52，53，54，55，56，57，58，76，77，78，79，80，81，82，83，84，85，86，87，88，89，90，91，92，93，94，95，96，97，98，99，101，102，103，104，105，107，108，109，110，111，112，113，114，115，117，118，119，120，121，122，125，145，146，147，148，149，150，151，152，153，154，155，157，

159，160，161，162，164，165，166，167，168，169，173，174，175，177，178，179，180，181，182，183，184，185，186

政府效能　17，55，93，174

政府责任　17，56，103，174

政府诚信　17，54，55，71，174，181，182

政府绩效管理　2，8，9，10，13，14，15，16，17，18，19，20，21，23，25，27，29，31，33，35，36，37，38，39，40，41，42，43，44，45，47，48，49，50，51，52，53，54，55，56，57，58，76，77，78，79，82，84，87，88，89，90，91，92，93，94，95，96，97，98，99，101，103，105，107，109，111，112，113，114，115，117，119，120，121，122，145，146，148，150，151，152，153，154，155，156，157，159，160，161，162，163，164，165，166，167，168，169，173，174，175，176，178，179，181，184，185，186

政府绩效管理机构　159，161，175

抓落实　2，3，22，59，65，162，173，174

制度供给　18，152，175

后 记

时光荏苒，岁月如梭，不知不觉，本书在惴惴不安中交付定稿，此时的情绪十分激动，心情久久不能平静。

掩卷而思，要感谢我的导师魏礼群先生，老师严谨的治学理念、渊博的学识、精益求精的工作态度、谦逊豁达的为师风范都给我辈做出了表率，使我受益匪浅。本书从选题、构思、调查、写作、修改到最终完成，每一步导师都给予了精心指导，倾注了大量的心血。在本书完成之际，我要衷心地说一句：老师，您辛苦了！衷心感谢您近三年的教诲、关心和指导。

进入国家行政学院以来，有幸遇到了许多良师益友，收益颇多。在此，衷心感谢各位老师一直以来对我的关心，感谢你们在论文开题和写作过程中给予的宝贵意见和无私帮助！感谢身边的领导和同事们介绍了关于绩效管理、督查工作等方面的实践知识和经验，促进了我对政府执行力建设与绩效管理有关方面的深入思考！感谢我的父母、妻女、朋友在学习和生活上给予的关心和照顾！正是有了你们的支持，本书才得以顺利完成，谨向你们致以衷心的感谢！

感谢百忙之中评阅我书稿的各位专家、教授！

感谢所有的朋友！

王福波

2019 年 5 月

专家推荐表

第七批《中国社会科学博士后文库》专家推荐表 1				
推荐专家姓名	魏礼群	行政职务		
研究专长	公共管理、宏观经济	电　话		
工作单位	国家行政学院	邮　编		
推荐成果名称	绩效视角下我国政府执行力提升研究			
成果作者姓名	王福波			

（对书稿的学术创新、理论价值、现实意义、政治理论倾向及是否达到出版水平等方面做出全面评价，并指出其缺点或不足）

　　习近平总书记多次强调，"空谈误国，实干兴邦"，要求领导干部要狠抓落实、善抓落实。无论是现实原因，还是研究的需要，我们都有充足的理由相信加强政府执行力研究的重要性和紧迫性。特别是有的地方"有令不行，有禁不止"的现象时有发生，使我们对政府执行力问题更加警醒起来，党中央、国务院也把抓落实问题提升到一个新的战略高度。我认为，王福波博士《绩效视角下我国政府执行力提升研究》从绩效管理与政府执行力研究相结合的角度，研究绩效理论启引下的中国政府执行力提升问题，选题本身有强烈的问题意识和较强的现实意义，能够为我国政府执行力建设实践的完善和推进行政体制改革提供必要的理论参考。

　　《绩效视角下我国政府执行力提升研究》具有重要的理论价值。通过研究，我们发现，我国对政府执行力研究尚处于探索阶段，理论体系尚需进一步完善，本书从绩效视角系统研究了我国政府执行力建设的理论基础、内在关系、主要问题、构建方略等，揭示了政府绩效管理与政府执行力建设之间的互动耦合关系，探讨了中国政府执行力提升的绩效路径，对政府执行力研究是有益的完善和提高。此外，本书在借鉴企业执行力评估指标体系、评估方法及技术的基础上，尝试构建政府执行力评估指标体系并加以运用，期望为有关政府部门清醒认识和评价政府执行力状况提供一套评判标准，也推动了政府评估理论的发展。

　　通过审阅书稿，我感到，本书在选题视角、研究内容、具体举措等方面具有较强的创新性。目前我国对政府执行力和政府绩效管理方面的研究，几乎是各自为战，彼此之间相互交集、融合的地方较少，本书把绩效管理战略引入到了政府执行力问题研究中，探索了两者的互动耦合理论，并且全文紧扣两者的互动关系，对于政府执行力问题从绩效方面找原因、提对策、建制度，各章节之间逻辑紧密、过渡自然，体现了王福波博士扎实的理论功底和严谨的学术态度。本书还综合运用多种研究方法，借鉴多学科知识，从管理学、政治学、法学等方面全面系统地提出了政府执行力提升的绩效方略，有利于拓展研究的视角，对于高效政府建设也大有裨益。

此外，本书还注重实践探索和总结，对当下中国各个绩效管理机构的利弊进行了比较分析，结合北京、青岛等地的有关探索经验，对完善督查和绩效管理体系提出了具体的对策建议。

　　我们期待这项研究成果能够在未来的研究中取得新的拓展，更期待能够将此应用到现实实践和工作中，从而促进我国政府绩效管理水平的提高和政府执行力的提升。

签字：魏礼群

2017 年 12 月 25 日

| 说明：该推荐表由具有正高职称的同行专家填写。一旦推荐书稿入选《博士后文库》，推荐专家姓名及推荐意见将印入著作。|

第七批《中国社会科学博士后文库》专家推荐表 2

推荐专家姓名	王伟光	行政职务	
研究专长	马克思主义中国化研究	电话	
工作单位	中国社科院	邮编	
推荐成果名称	绩效视角下我国政府执行力提升研究		
成果作者姓名	王福波		

（对书稿的学术创新、理论价值、现实意义、政治理论倾向及是否达到出版水平等方面做出全面评价，并指出其缺点或不足）

马克思在《哥达纲领批判》中写道："一步实际行动胜过一打纲领。"落实问题至关重要，好的政策出来后，领导关心落实的问题，老百姓也关心落实的问题。王福波博士的《绩效视角下我国政府执行力提升研究》着眼于抓落实问题，将政府执行力和绩效管理紧密结合起来，从一个侧面探索了有关决策政策为何难落实、如何抓落实的问题，我认为是十分必要的和紧迫的。

对于抓落实而言，绩效管理和政府执行力问题是相通的、相互的。在这两者的研究中，有的学者专注于绩效管理，有的专注于政府执行力，而王福波博士将两者紧密结合，探讨两者的学理关系和互动耦合理论，进而以此为理论基石从绩效视角谈政府执行力问题的成因、对策，我认为，《绩效视角下我国政府执行力提升研究》则是具有较强创新性的。它揭示了政府绩效管理与政府执行力建设之间的互动耦合关系，描述了我国政府执行力建设的现状及困境，剖析了造成政府执行力弱化的绩效成因，系统提出了我国政府执行力提升的绩效方略。本书系统深入从绩效视角研究政府执行力问题，不仅有利于拓展政府执行力问题的研究视角，丰富政府绩效管理理论，还有利于现实工作中抓落实问题的解决，对于提高绩效管理的应用水平，具有较强的理论和现实价值。

本书结构框架安排合理，研究方法科学，论点明晰，逻辑严密。本书从理论阐述到现实问题剖析再到对策的提出，每一个环节都认真研究、肯下功夫，特别是提出建立政府执行力评估指标体系，以及推动绩效评价主体的多元化、绩效成果的使用管理、绩效管理的法治化、绩效文化的建设等，努力探索一套全方位、多角度的政府执行力绩效管理体系，我感到王福波博士对此倾注了心血。而且难能可贵的是他自觉运用了辩证唯物主义和历史唯物主义的立场、观点、方法，对一些问题有辨有析，有破有立，体现了独立思考和勇于求索的精神，特别是立足中国国情和实际，提出了一套政府执行力绩效管理方案，达到了国内外同类研究的前沿水平。

王福波博士时常向我请教国家治理现代化的问题，我认为《绩效视角下我国政府执行力提升研究》一书本身就是对国家治理现代化问题的一个有力探索和重要成果，我也希望他在这个方面的研究有进一步拓展，为学界贡献更多的知识和思想。

期待这本著作的出版！

签字：王伟光

2018 年 1 月 10 日

说明：该推荐表由具有正高职称的同行专家填写。一旦推荐书稿入选《博士后文库》，推荐专家姓名及推荐意见将印入著作。

经济管理出版社 《中国社会科学博士后文库》 成果目录

第一批《中国社会科学博士后文库》（2012年出版）		
序号	书　名	作　者
1	《"中国式"分权的一个理论探索》	汤玉刚
2	《独立审计信用监管机制研究》	王　慧
3	《对冲基金监管制度研究》	王　刚
4	《公开与透明：国有大企业信息披露制度研究》	郭媛媛
5	《公司转型：中国公司制度改革的新视角》	安青松
6	《基于社会资本视角的创业研究》	刘兴国
7	《金融效率与中国产业发展问题研究》	余　剑
8	《进入方式、内部贸易与外资企业绩效研究》	王进猛
9	《旅游生态位理论、方法与应用研究》	向延平
10	《农村经济管理研究的新视角》	孟　涛
11	《生产性服务业与中国产业结构演变关系的量化研究》	沈家文
12	《提升企业创新能力及其组织绩效研究》	王　涛
13	《体制转轨视角下的企业家精神及其对经济增长的影响》	董　昀
14	《刑事经济性处分研究》	向　燕
15	《中国行业收入差距问题研究》	武　鹏
16	《中国土地法体系构建与制度创新研究》	吴春岐
17	《转型经济条件下中国自然垄断产业的有效竞争研究》	胡德宝

第二批《中国社会科学博士后文库》(2013年出版)

序号	书　名	作　者
1	《国有大型企业制度改造的理论与实践》	董仕军
2	《后福特制生产方式下的流通组织理论研究》	宋宪萍
3	《基于场景理论的我国城市择居行为及房价空间差异问题研究》	吴　迪
4	《基于能力方法的福利经济学》	汪毅霖
5	《金融发展与企业家创业》	张龙耀
6	《金融危机、影子银行与中国银行业发展研究》	郭春松
7	《经济周期、经济转型与商业银行系统性风险管理》	李关政
8	《境内企业境外上市监管若干问题研究》	刘　轶
9	《生态维度下土地规划管理及其法制考量》	胡耘通
10	《市场预期、利率期限结构与间接货币政策转型》	李宏瑾
11	《直线幕僚体系、异常管理决策与企业动态能力》	杜长征
12	《中国产业转移的区域福利效应研究》	孙浩进
13	《中国低碳经济发展与低碳金融机制研究》	乔海曙
14	《中国地方政府绩效评估系统研究》	朱衍强
15	《中国工业经济运行效益分析与评价》	张航燕
16	《中国经济增长：一个"被破坏性创造"的内生增长模型》	韩忠亮
17	《中国老年收入保障体系研究》	梅　哲
18	《中国农民工的住房问题研究》	董　昕
19	《中美高管薪酬制度比较研究》	胡　玲
20	《转型与整合：跨国物流集团业务升级战略研究》	杜培枫

第三批《中国社会科学博士后文库》（2014年出版）

序号	书 名	作者
1	《程序正义与人的存在》	朱 丹
2	《高技术服务业外商直接投资对东道国制造业效率影响的研究》	华广敏
3	《国际货币体系多元化与人民币汇率动态研究》	林 楠
4	《基于经常项目失衡的金融危机研究》	匡可可
5	《金融创新及其宏观效应研究》	薛昊旸
6	《金融服务县域经济发展研究》	郭兴平
7	《军事供应链集成》	曾 勇
8	《科技型中小企业金融服务研究》	刘 飞
9	《农村基层医疗卫生机构运行机制研究》	张奎力
10	《农村信贷风险研究》	高雄伟
11	《评级与监管》	武 钰
12	《企业吸收能力与技术创新关系实证研究》	孙 婧
13	《统筹城乡发展背景下的农民工返乡创业研究》	唐 杰
14	《我国购买美国国债策略研究》	王 立
15	《我国行业反垄断和公共行政改革研究》	谢国旺
16	《我国农村剩余劳动力向城镇转移的制度约束研究》	王海全
17	《我国吸引和有效发挥高端人才作用的对策研究》	张 瑾
18	《系统重要性金融机构的识别与监管研究》	钟 震
19	《中国地区经济发展差距与地区生产率差距研究》	李晓萍
20	《中国国有企业对外直接投资的微观效应研究》	常玉春
21	《中国可再生资源决策支持系统中的数据、方法与模型研究》	代春艳
22	《中国劳动力素质提升对产业升级的促进作用分析》	梁泳梅
23	《中国少数民族犯罪及其对策研究》	吴大华
24	《中国西部地区优势产业发展与促进政策》	赵果庆
25	《主权财富基金监管研究》	李 虹
26	《专家对第三人责任论》	周友军

第四批《中国社会科学博士后文库》(2015年出版)

序号	书　名	作　者
1	《地方政府行为与中国经济波动研究》	李　猛
2	《东亚区域生产网络与全球经济失衡》	刘德伟
3	《互联网金融竞争力研究》	李继尊
4	《开放经济视角下中国环境污染的影响因素分析研究》	谢　锐
5	《矿业权政策性整合法律问题研究》	郗伟明
6	《老年长期照护:制度选择与国际比较》	张盈华
7	《农地征用冲突:形成机理与调适化解机制研究》	孟宏斌
8	《品牌原产地虚假对消费者购买意愿的影响研究》	南剑飞
9	《清朝旗民法律关系研究》	高中华
10	《人口结构与经济增长》	巩勋洲
11	《食用农产品战略供应关系治理研究》	陈　梅
12	《我国低碳发展的激励问题研究》	宋　蕾
13	《我国战略性海洋新兴产业发展政策研究》	仲雯雯
14	《银行集团并表管理与监管问题研究》	毛竹青
15	《中国村镇银行可持续发展研究》	常　戈
16	《中国地方政府规模与结构优化:理论、模型与实证研究》	罗　植
17	《中国服务外包发展战略及政策选择》	霍景东
18	《转变中的美联储》	黄胤英

经济管理出版社《中国社会科学博士后文库》成果目录

第五批《中国社会科学博士后文库》(2016年出版)

序号	书　名	作　者
1	《财务灵活性对上市公司财务政策的影响机制研究》	张玮婷
2	《财政分权、地方政府行为与经济发展》	杨志宏
3	《城市化进程中的劳动力流动与犯罪：实证研究与公共政策》	陈春良
4	《公司债券融资需求、工具选择和机制设计》	李　湛
5	《互补营销研究》	周　沛
6	《基于拍卖与金融契约的地方政府自行发债机制设计研究》	王治国
7	《经济学能够成为硬科学吗？》	汪毅霖
8	《科学知识网络理论与实践》	吕鹏辉
9	《欧盟社会养老保险开放性协调机制研究》	王美桃
10	《司法体制改革进程中的控权机制研究》	武晓慧
11	《我国商业银行资产管理业务的发展趋势与生态环境研究》	姚　良
12	《异质性企业国际化路径选择研究》	李春顶
13	《中国大学技术转移与知识产权制度关系演进的案例研究》	张　寒
14	《中国垄断性行业的政府管制体系研究》	陈　林

第六批《中国社会科学博士后文库》(2017年出版)

序号	书　名	作　者
1	《城市化进程中土地资源配置的效率与平等》	戴媛媛
2	《高技术服务业进口技术溢出效应对制造业效率影响研究》	华广敏
3	《环境监管中的"数字减排"困局及其成因机理研究》	董　阳
4	《基于竞争情报的战略联盟关系风险管理研究》	张　超
5	《基于劳动力迁移的城市规模增长研究》	王　宁
6	《金融支持战略性新兴产业发展研究》	余　剑
7	《清乾隆时期长江中游米谷流通与市场整合》	赵伟洪
8	《文物保护经费绩效管理研究》	满　莉
9	《我国开放式基金绩效研究》	苏　辛
10	《医疗市场、医疗组织与激励动机研究》	方　燕
11	《中国的影子银行与股票市场：内在关联与作用机理》	李锦成
12	《中国应急预算管理与改革》	陈建华
13	《资本账户开放的金融风险及管理研究》	陈创练
14	《组织超越——企业如何克服组织惰性与实现持续成长》	白景坤

经济管理出版社《中国社会科学博士后文库》成果目录

第七批《中国社会科学博士后文库》（2018年出版）		
序号	书　名	作　者
1	《行为金融视角下的人民币汇率形成机理及最优波动区间研究》	陈　华
2	《设计、制造与互联网"三业"融合创新与制造业转型升级研究》	赖红波
3	《复杂投资行为与资本市场异象——计算实验金融研究》	隆云滔
4	《长期经济增长的趋势与动力研究：国际比较与中国实证》	楠　玉
5	《流动性过剩与宏观资产负债表研究：基于流量存量一致性框架》	邵　宇
6	《绩效视角下我国政府执行力提升研究》	王福波
7	《互联网消费信贷：模式、风险与证券化》	王晋之
8	《农业低碳生产综合评价与技术采用研究——以施肥和保护性耕作为例》	王珊珊
9	《数字金融产业创新发展、传导效应与风险监管研究》	姚　博
10	《"互联网+"时代互联网产业相关市场界定研究》	占　佳
11	《我国面向西南开放的图书馆联盟战略研究》	赵益民
12	《全球价值链背景下中国服务外包产业竞争力测算及溢出效应研究》	朱福林
13	《债务、风险与监管——实体经济债务变化与金融系统性风险监管研究》	朱太辉

《中国社会科学博士后文库》
征稿通知

  为繁荣发展我国哲学社会科学领域博士后事业，打造集中展示哲学社会科学领域博士后优秀研究成果的学术平台，全国博士后管理委员会和中国社会科学院共同设立了《中国社会科学博士后文库》（以下简称《文库》），计划每年在全国范围内择优出版博士后成果。凡入选成果，将由《文库》设立单位予以资助出版，入选者同时将获得全国博士后管理委员会（省部级）颁发的"优秀博士后学术成果"证书。

  《文库》现面向全国哲学社会科学领域的博士后科研流动站、工作站及广大博士后，征集代表博士后人员最高学术研究水平的相关学术著作。征稿长期有效，随时投稿，每年集中评选。征稿范围及具体要求参见《文库》征稿函。

联系人：宋　娜　主任
联系电话：01063320176；13911627532
电子邮箱：epostdoctoral@126.com
通讯地址：北京市海淀区北蜂窝8号中雅大厦A座11层经济管理出版社《中国社会科学博士后文库》编辑部
邮编：100038

经济管理出版社